EL **TIEMPO** QUE SE VA Y **NO VUELVE**

Lecciones de vida a través de 20 historias reales

Eileen C. Villafañe Deyack

Copyright © **2023 Eileen C. Villafañe Deyack**

Título: **EL TIEMPO QUE SE VA Y NO VUELVE**
Lecciones de vida a través de 20 historias reales

ISBN   9798867967307

Todos los derechos reservados
Cualquier parte de este libro puede ser reproducida o almacenada en cualquier sistema electrónico, mecánico, de fotocopiado, de almacenamiento en memoria o cualquier otro, o transmitida de cualquier forma o por cualquier medio, solo con el permiso expreso del autor.

DEDICATORIA

Quiero dedicar este libro a unas personas muy especiales que han sido fuente de inspiración y motivación en mi vida.

A mi abuela materna, Gabriela, quien desde el cielo sé que es uno de mis ángeles guardianes en la Tierra. Ella me enseñó lo bueno y lo difícil de la vida. También me brindó el ejemplo de no rendirme y luchar por los sueños.

A mis padres, Pedro Enrique y Susana, por siempre estar a mi lado en los momentos más hermosos y difíciles de mi vida. Siempre brindándome su amor y apoyo incondicional en todo lo que he emprendido.

Y a mi hijo. Pablo Gabriel Yamil, que me dio el privilegio de ser madre cuando había perdido las esperanzas. Él es mi fuente inspiración para seguir adelante.

Por último, pero no menos importante, agradezco a Dios por su guía e inspiración en la realización de esta meta.

AGRADECIMIENTO

Quiero agradecer infinitamente primero a Dios por permitirme ser parte de este grupo y darme la inspiración para lograr mi propósito.

A todo el equipo de la Escuela de Autores, agradezco la oportunidad que me bridaron de alcanzar cada uno de mis más anhelados sueños: escribir un libro que sirva de motivación e inspiración a todo aquel que lo lea.

A la profesora Arelis Estévez. Le agradezco sus sabios consejos en la dirección del desarrollo de los capítulos del libro. Al profesor Carlos Aparcedo, por su paciencia y dedicación en la enseñanza de los elementos esenciales para que cada uno de sus alumnos pudiera descubrir su capacidad y convertirse en nuevos autores de historias impactantes que llegarán a nuestros lectores.

A Carolina Carrero, Saray Dellán y Guillermo A. Contreras, les agradezco por dedicar su tiempo a transmitir sus conocimientos especiales y proporcionar al grupo de futuros escritores las herramientas necesarias para lograr sus sueños.

A todos mis compañeros, que emprendimos juntos esta aventura con sueños e ilusiones y con gran sacrificio logramos la meta, les doy mi agradecimiento.

En especial, quiero agradecer a dos jóvenes y una profesora cuyo entusiasmo y apoyo fueron pieza clave para lograr escribir este libro: Ivelisse Cappielo, Marco Orizondo y la profesora Myrtelina de León.

ÍNDICE

INTRODUCCIÓN 11
CAPÍTULO I 15
La percepción del tiempo – primer vagón del tren 15
    Un ángel quiere nacer 18
    La historia de Nemo 27
    El certamen literario y las enseñanzas aprendidas. 34
CAPÍTULO II 43
Encuentros inesperados – segunda estación del tren 43
    Sueños con Emanuel 45
    Muerte a los once años 50
    El sueño con Faustina 56
    La historia del gallo y la guinea 61
CAPÍTULO III 71
Los cambios son parte de la vida – toma de decisiones en situaciones difíciles 71
    La historia de Tití Panchita y su sobrino Enrique 75
    La historia de Enrique 79
    Historia de Gabina y su hija Rosa 83
    La Historia de Rosa. 86
    Tres historias de acoso "bullying" y sus consecuencias 93
        La Historia de Jan 96
        La historia de los acosadores escolares 98
        La historia de Juan 101
CAPITULO IV 109
El latido del éxito – lecciones de vida que sirven de experiencia para alcanzar nuevas metas 109

    La historia de Daniel 113

    La historia de Andrea 118

    La historia de la niña que luchó por alcanzar las estrellas 125

CAPÍTULO V 133

El Viaje de la Transformación 133

    El valor de tu trabajo 136

    La historia del patito feo 140

    El eco del éxito: Un joven y su mentor 143

    El Baile de las Mariposas 146

CAPÍTULO VI 151

El tesoro de los detalles 151

    La Joya Escondida en Cada Día 157

    Las Huellas del Éxito en los Pequeños Momentos 161

CAPÍTULO VII 167

Cada Instante Cuenta 167

    El tiempo que se va y no vuelve 172

INTRODUCCIÓN

El tiempo, esa enigmática dimensión que gobierna nuestras vidas, nos desafía con interrogantes profundos. ¿Es una ilusión, una entidad que fluye sin que podamos dominarla, o acaso una valiosa oportunidad para forjar nuestro destino y ascender a nuevos niveles? Nos planteamos con frecuencia qué hacer con él y cómo aprovecharlo al máximo. Sin embargo, en ocasiones lo dejamos escurrir entre nuestros dedos sin siquiera notarlo. Al final del día, agotados por el largo trecho recorrido, decidimos tomar un respiro y reponer fuerzas, en un intervalo de tiempo sobre el cual tenemos poco control.

La vida, en su misterioso devenir, nos conduce por etapas que a menudo resultan difíciles de comprender. Empezamos como seres angelicales que descienden a la tierra con un propósito definido. A medida que transcurre el tiempo, nos convertimos en los arquitectos de nuestro propio destino, seleccionando las sendas que creemos son las más acertadas. En este camino, a menudo nos enfrentamos a las mejores oportunidades de triunfar en la travesía de la vida, ya sea aprovechándolas o dejándolas pasar. Incluso lo que etiquetamos como fracasos, en realidad, representan las más valiosas lecciones sobre cómo lograr el éxito.

Con el paso de los años, el tiempo se asemeja a un tren que parte desde la gestación y culmina en el fin de nuestros días. Cada estación representa un capítulo en nuestra historia. Durante este trayecto, es crucial aprovechar al máximo el tiempo para llegar al cierre de esta etapa de aventuras que hemos elegido. Posteriormente, cerramos un capítulo para subir de nuevo al tren y comenzar el recorrido hacia la siguiente estación. En este viaje, nos cruzamos con personas que dejan una marca imborrable en nuestra existencia, moldeando así nuestro futuro. Algunos impactos son positivos, otros no tanto, pero todos representan lecciones sobre las oportunidades que supimos aprovechar o dejar pasar.

En ciertas ocasiones, nos corresponde a nosotros ser el catalizador del cambio en aquellos que encontramos en el camino. Estos son los momentos en los cuales nuestro ejemplo y experiencia se convierten en modelo para otros, brindándoles la guía necesaria para definir y alcanzar sus metas, sin permitir que las oportunidades se escapen.

A medida que nos detenemos en cada estación del viaje de la vida, la reflexión sobre el capítulo que culmina nos invita a adentrarnos en las profundidades de la existencia. Nacemos, experimentamos, y eventualmente partimos. Sin embargo, al llegar al final de este camino, anhelamos que nuestro legado perdure en la memoria del mundo y se mantenga viva por toda la eternidad. Un legado de esperanza y fe, testimonios de que todo es posible cuando luchamos y elegimos con sabiduría el rumbo de nuestro tren.

Ignoramos cuántas estaciones nos aguardan en esta travesía, pero sí tenemos la certeza de que aún nos queda mucho terreno por recorrer. Pues, como bien sabemos, el tiempo que se va, no vuelve.

EL TIEMPO QUE SE VA Y NO VUELVE

CAPÍTULO I

LA PERCEPCIÓN DEL TIEMPO — PRIMER VAGÓN DEL TREN

Era una mañana de primavera. El viento soplaba suave como un arrullo, acariciando cada árbol que se vislumbraba en el camino. Las flores, de mágicos colores, adornaban cada esquina de la ruta a la estación del tren. Las nubes en el cielo dibujaban figuras graciosas que estimulaban la imaginación del más pequeños, con sutiles matices que parecían obras de los más famosos pintores.

Gabriela era una joven alegre y soñadora. De estatura mediana, delgada, ojos marrones, cabello largo ondulado, disfrutaba cada momento en el trayecto hacia su destino. Estaba a punto de iniciar una gran aventura en el viaje que tenía programado al llegar a la estación del tren.

Había alcanzado algunas metas que se había propuesto en la ciudad donde vivía. Sin embargo, para lograr las siguientes, necesitaba viajar. Su camino no había sido fácil. Tuvo que luchar por alcanzar sus estrellas. Pero al final, la alegría del fruto obtenido, le brindó las herramientas para continuar.

En el camino reflexionaba sobre todo lo que había vivido. Su niñez no había sido fácil, pero su esfuerzo y dedicación en todo lo que emprendía habían tenido sus recompensas. Ahora era el momento de seguir adelante. Continuar en una ruta que la llevara a la próxima estación y le permitiera concretar sus futuros sueños.

Al final del camino se divisaba un bullicio de personas caminando en varias direcciones. Era la entrada a la estación del tren. Con una mezcla de alegría, tristeza y un pequeño nerviosismo se acercaba lentamente a la entrada.

Experimentaba una amalgama de emociones: ansiedad, esperanza y un toque de misterio por no saber lo que le esperaba al llegar a la próxima estación. Los ruidos de los trenes entrando y saliendo tenían una magia especial.

Algunos sonidos eran fuertes, como el rugido de leones a punto de comenzar una batalla. Otros eran tristes y profundos, como si presagiaran intrigas y soledad. Otros, suaves, como el susurro del viento al sembrar amor y hermandad. Sin embargo, escuchó otros que eran tan delicados en su caminar que irradiaban una especie de rayo de esperanza.

Gabriela escuchaba con atención cada sonido y observaba detenidamente el bullicio de tantas personas entrando y saliendo de cada tren. Resultaba curioso ver cómo cada persona elegía con cuidado su entrada al tren. Algunos eran decididos, otros vacilantes, pero todos abordaban un tren.

Ella había comprado su boleto con anticipación y no tuvo que enfrentarse al ajetreo de las personas que aguardaban para obtener el suyo. Aprovechar cada momento fue una de las lecciones que aprendió al inicio de su travesía en la vida.

Al llegar a sala de espera, se sentó y continuó observando a las personas que se encontraban allí. Era interesante observar sus rostros. Algunos mostraban alegría por el inicio de su viaje, otros tenían ansiedad o desesperación. Ella empezaba su viaje con gran esperanza en el futuro.

A su lado se sentó una joven sin imaginarse la interesante conversación que tendrían. Tenía el cabello largo y ojos vivarachos. No debía de tener más de veinte años. Irradiaba alegría y un fuerte deseo de superación en la vida. Al acerarse a Gabriela, comenzó a hablar: "Hola, me llamo Cristina. ¿Vas en el próximo tren?" "Hola mi nombre es Gabriela. Sí, también espero la llegada del tren."

Cristina le respondió: "¡Qué bueno! ¿Podemos hablar? Estoy ansiosa por este viaje. Es la primera vez que viajo, y, sobre todo, sola. Pero es la oportunidad de mi vida y no quería dejarla pasar." Gabriela le dijo: "Tienes mucha razón. Las oportunidades se presentan una sola vez en la vida y debes decidir si las sigues o simplemente te sientas a verlas pasar. Por eso también estoy esperando el tren."

Cristina siguió hablando: "Tienes mucha razón. Cuando era niña, mi abuelita, una mujer muy sabia que me enseñó todo lo que sé de la vida, me contaba la historia de un ángel que quiso nacer. Una historia que me inspiró en momentos difíciles a tener esperanza."

Un ángel quiere nacer

Desde querubines hasta gigantescos arcángeles, todos conviven en un ambiente de luz, paz y hermosa confraternidad en un lugar mágico donde no existe la maldad, el odio, la envidia ni la desigualdad. Todos comparten una increíble unidad que solo existe en ese lugar.

Los destellos de luz son impresionantes y se definen por las experiencias vividas y la madurez de sus aprendizajes. Tienen escuelas en todos los grados de educación de acuerdo con los diferentes niveles de crecimiento espiritual.

Los querubines son los más pequeños. En la escuela de querubines aprenden canciones. Adquieren la plenitud del conocimiento de la eternidad y comparten como pequeñines jugueteando mientras cantan y aprenden.

Con sus voces especiales forman el segundo coro en la escuela celestial. Ellos tienen destellos azules y cuatro alas. Sus manitas y piececitos son tan pequeños como ellos, lo que les permiten ser tan juguetones como los niños que son.

Entre ellos hay uno muy peculiar. Un pequeñín que siempre estaba mirando un espacio que mostraba un lugar especial para él. Dentro de su gran curiosidad, otro ángel de mayor jerarquía, que se les conoce como arcángeles, le explicó que lo que observaba era un lugar llamado Tierra. Él le explicó: "Allí viven personas a las que los ángeles tienen como misión cuidar y proteger de todo mal."

El querubín preguntó con mayor curiosidad: "¿qué son las personas?" El arcángel, con una sonrisa en su rostro e irradiando mucha luz, le contestó: "son la mayor creación de nuestro Padre, hechos a su imagen y semejanza. Son parecidos a Jesús.

Pero, hay otras personas diferentes que se parecen a mamá María que vemos en el cielo. Sí, ellas son las encargadas de cuidar por nueve meses a los angelitos escogidos para llenar espacios especiales en la vida de ellos. También tienen la misión de cuidarlos y ayudarlos a crecer con amor y humildad para que sean personas de bien y puedan cumplir su misión en la Tierra."

El querubín, con más dudas, siguió preguntando: "¿Todas las personas tienen una misión?" El arcángel, al ver tanta curiosidad del querubín, le pidió que lo siguiera a un lugar especial. Caminaron juntos hasta el lado de un río cristalino en el que podía ver el fondo y unos peces multicolores que adornaban y aumentaban el esplendor del lugar.

Al lado del río, se podían observar miles de flores de todos los colores y tan grandes como el pequeño querubín. Al final del camino se encontraban unas rocas hermosas con áreas planas y detuvieron su caminar.

Con mucha paciencia, se sentó al lado del querubín para poder explicarle con calma el proceso de la vida en la Tierra y comenzó: "Eso es así. Nuestro Señor creó al hombre del polvo para que cuidara su creación y a la mujer de su costado para que lo apoyara y estuviera a su lado. Una vez cumplen su misión, regresan con nosotros y se convierten en otros ángeles que aprenden como tú, pasando por diferentes niveles, para algún día ser ángeles guardianes de sus seres queridos."

El querubín moviendo suavemente sus alas y destellando rallos azules de ellas por la gran curiosidad que despertaban las respuestas del arcángel siguió preguntando:

"¿Cómo escogen a los angelitos que llenan los espacios especiales de las personas?"

El arcángel, mirándolo con gran ternura, le contestó: "Eso lo decide nuestro Padre. Nosotros nos encargamos de cuidarlos. Algunas veces se les olvida su misión en el camino y hacen cosas que no están bien y que nuestro Padre no acepta. Sin embargo, siempre tienen la oportunidad de arrepentirse y volver al camino trazado. Si no lo hacen, lamentablemente no podrán regresar con nosotros y permanecerán en un lugar donde no existe la luz ni la felicidad eterna."

El querubín se quedó pensando. Siendo un pequeño angelito de la escuela de querubines no iba a tener la menor oportunidad de llegar a la Tierra. Sus deberes eran aprender las enseñanzas de la eternidad y cantar en el coro celestial cuando se les requerían. En ese momento se sintió triste y sus alas dejaron de emitir los bellos destellos azules que tanto le gustaban.

El pequeñín se había destacado por su gran dulzura y brillantez a través del tiempo que llevaba en la escuela de los querubines. Su pasión por ayudar a sus compañeros era admirable. Sumamente intrigado y con grandes deseos de poder ser un instrumento de alegría a otros le contestó: "Quisiera poder llenar un espacio especial en la vida de una pareja que esté triste."

El Padre que todo lo ve y todo lo escucha, estaba muy atento a la curiosa conversación. Y analizó la espontánea petición del pequeño querubín. Conocía una pareja en un lugar muy especial para Él que muchas veces había protegido de desastres y del mal.

En su período de aprendizaje, cuatro angelitos habían pasado por sus vidas. Pero su misión no era quedarse en la Tierra mucho tiempo y regresaron pronto al cielo. Quizás, este querubín podría realizar la próxima misión en ese lugar especial y darle alegría a esta pareja que tanto deseaba tener un bebé.

Una tarde, mientras estudiaba y realizaba sus tareas, se quedó observando los lugares de la Tierra. Había una pequeña isla que le daba mucha curiosidad. Era pequeña, pero con una radiante luz que la diferenciaba del resto de las islas de esa área de la Tierra.

Había personas muy felices que vivían en casas pequeñas y otras muy pobres que irradiaban mucho amor. Observó que también había otras muy tristes que vivían en lugares hermosos, pero les faltaba lo que observaba en las demás, amor.

La percepción del tiempo – primer vagón del tren

La isla estaba en medio de un lugar con mucha agua que parecía un mar, como había estudiado en la escuela. Como era tan curioso, averiguó que era el mar Caribe y la Isla se llamaba Puerto Rico. Parecía un lugar maravilloso donde el sol bañaba las costas y las montañas tenían un verde esplendor comparable con los campos verdes y las aguas cristalinas del cielo.

El Padre estaba observando de cerca al pequeño querubín y sus análisis. Su dedicación al estudio e incalculable curiosidad lo hacían perfecto para la misión que estaba pensando en la Tierra.

Un día, mientras el querubín estaba extasiado observando la isla, el Padre lo llamó para hablar con él. Estaba asombrado porque los querubines solamente llegaban donde el Padre cuando el coro de querubines le cantaba.

El Padre, irradiando la gran luz brillante que los caracterizaba, con amor le dijo: "Pequeño, he observado tu interés y curiosidad por las personas de la Tierra. He analizado tu inquietud por hacer felices a los que están tristes. He pensado que podrías ser el ángel que buscaba para una misión especial. ¿Te gustaría viajar y ser una persona, con tus atributos de ángel, cumpliendo una misión que descubrirás a medida que crezcas y te conviertas en un adulto?

La misión no es fácil, pero tienes todos los atributos para llevarla a cabo. Tendrás la experiencia de nacer y tener unos padres que te amarán. Crecerás y cumplirás mi misión. Una vez en la Tierra no te acordarás de tus experiencias en el cielo. Al cumplir tu misión, si mantienes tu rumbo, regresarás con nosotros y volverás a ser un ángel. Sólo que ya no serás querubín, serás un ángel guardián. ¿Aceptas el reto?"

El querubín no podía creer lo que estaba escuchando. Entre tantos querubines lo escogió a él para cumplir una misión. Estaba tan contento que no podía responder. Sus alas se agitaban con fuerza y el brillo azul se convirtió tan intenso que delató su emoción. Quería volar y revolotear de la alegría. Pero estaba al frente del Padre y tenía que comportarse. Le respondió que estaba listo para hacer su voluntad.

El Padre le dijo: "La vida en la tierra es como un tren que viaja de un lado a otro y en el camino vas adquiriendo experiencias. Las estaciones son la conclusión de un capítulo de tu vida. No puedes subir de nuevo al tren hasta que no hayas aprendido el mensaje de la ruta que te llevó a esa estación.

Con el pasar de tiempo aprenderás cada una de las lecciones. Pero cuidado, el tiempo en la Tierra es finito. Tienes que aprovechar cada momento para que al final, cuando llegues al último vagón, puedas regresar a mí. Algo de lo que estoy muy seguro, porque sé cuál es tu gran misión. No va a ser fácil, pero al final lograrás alcanzar todas las metas trazadas para ti."

Las siguientes semanas estuvo en un entrenamiento intenso en preparación para su gran día, llegar al vientre de la que se convertiría en su mamá. Sabía que luego de nacer no recordaría su estadía en el cielo, pero estaba listo para aprovechar la gran oportunidad que tenía frente a sus manos.

Poder cumplir la misión que le habían asignado era un gran reto. Y no quería fallarle al Padre. En un momento dado tuvo sus dudas. Era una gran oportunidad. Si aceptaba la misión no volvería a ser querubín. Tenía que dejarlo todo para un nuevo comienzo donde no sabía qué situaciones o nuevos retos enfrentaría.

Con un gran susto en su interior, sus alas comenzaron a emitir rayos azules característicos cuando estaba emocionado. Sintió que era una señal. Aceptó la oportunidad y comenzó el proceso con gran entusiasmo.

Estaba tan deseoso de cumplir su misión que no se acordó que eran nueve meses y se acomodó a los ocho para nacer. El médico que evaluaba a su futura madre se preocupó y moviendo la camilla donde la estaba evaluando les dijo a las enfermeras: "Este general ya quiere nacer. No nos podemos arriesgar, tenemos que hacerle cesárea." Por lo que aceleró el gran milagro de la vida y lo vio nacer.

La alegría de sus padres no se podía ocultar. Su abuela materna estaba tan contenta que su rostro solamente irradiaba luz. Al ver a la pequeña criatura sintió que su misión era también cuidarla de todo mal. Había entrado al primer vagón de la vida. Era un nuevo caminar que trazaría la historia de una misión que acababa de comenzar cumpliendo el primer propósito de su misión, llenar de alegría un hogar.

Gabriela le dice al finalizar la historia: "Es una historia hermosa, digna de ser compartida con otras personas. El querubín nunca dudó en cumplir su propósito, aunque eso significara dejar de ser un querubín. Se desarrolló y evolucionó para poder llegar al final de su misión, ser el ángel guardián de sus seres queridos. En múltiples ocasiones se nos presentan oportunidades únicas que nunca volveremos a tener. El querubín tuvo una de ellas y la supo aceptar.

Esta historia me acuerda a otra muy especial de una familia que conocí hace algún tiempo. Es una historia real, aunque parezca ficción. Una historia que también tiene una gran enseñanza de amor para aprovechar el tiempo, el espacio y las oportunidades que nos da la vida junto a nuestros seres queridos."

La historia de Nemo

Era un día muy especial. Se celebraría el cumpleaños de un niño alegre y vivaracho, pero estaba pasando por una condición de asma que no le permitía ir a la escuela regularmente. Su mejor amigo, Yamil, fue a visitarlo con su papá para llevarle un regalo que lo alegrara y le hiciera sentirse mejor de su enfermedad.

Al llegar a la casa, Jorge estaba recibiendo una terapia respiratoria. Yamil se sentó a su lado mientras terminaba. Estaba ansioso por darle su regalo de cumpleaños. Su papá, Enrique, guardaba con misterio el regalo que alegraría a Jorge mientras terminaba su terapia.

Jorge estaba muy contento por la visita de su amigo. Llevaba una semana enfermo y ya estaba deseoso de regresar a la escuela y poder compartir con sus amigos. Él estudiaba en una escuela Montessori. Una escuela donde los niños disfrutaban aprendiendo con las experiencias de trabajar en equipo para prepararse y aprender a reconocer y aprovechar las oportunidades que les ofrece la vida.

Yamil le preguntó a su amigo: "¿Cómo te sientes?" Jorge le contestó: "Me siento mucho mejor. Espero poder regresar a la escuela la semana que viene. Ya extraño a los maestros y a mis compañeros. Gracias por venir a visitarme en mi cumpleaños. Me haces sentir mucho mejor."

Yamil valoraba mucho la amistad de Jorge. Siempre había estado a su lado cuando más lo necesitaba en situaciones difíciles, tanto escolares como familiares. Ahora era el momento de demostrarle lo mucho que significaba su amistad.

Yamil le dice: "Mi visita es especial. Te traigo algo que sé te alegrará y te acompañará por mucho tiempo." En ese momento, Enrique, con mucho misterio, le enseña lo que tenía escondido por mucho rato. Era un pez beta con su pecera.

Yamil había tenido uno como mascota hacía algunos años. Fueron de los momentos más alegres de su niñez. Lo ayudó a conectarse con la naturaleza y a tener mayor sensibilidad con otros animales. Yamil sabía lo mucho que Jorge amaba a los animales. Estaba seguro de que tendría maravillosas experiencias con su nuevo amigo.

Al verlo, Jorge se emocionó mucho: "Yamil, don Enrique, muchas gracias. Es hermoso. Lo voy a cuidar con mucho amor." El pez tenía unos colores espectaculares. Pero a diferencia de los demás peces betas, resaltaba un color dorado y anaranjado que lo hacía diferente. Jorge se puso muy contento e inmediatamente lo llamó Nemo.

Ambos amigos hablaron largo rato y compartieron historias de la escuela y de los deportes que participaban juntos. La amistad que habían desarrollado durante tantos años era muy valiosa para ambos y digna de admiración entre sus compañeros. El papá de Yamil les dijo que ya era tarde y que Jorge tenía que descansar. Ese fue el comienzo de una hermosa historia de amor entre Jorge y Nemo.

Todas las mañanas, Jorge iba a saludar a Nemo antes de ir a la escuela. Y aunque parezca inverosímil, Nemo siempre le contestaba nadando alegre hacia él. En las tardes, Jorge pasaba buen rato hablándole a Nemo y se podía observar la alegría del pequeño pececito cuando Jorge compartía con él.

Jorge era un niño muy sensible que amaba la naturaleza y todo lo que en ella habitaba. Nemo llegó para enseñarle una lección de vida. Tenía un propósito muy especial. Le demostraba su amor nadando alegremente todos los días hacia él. A veces, moviéndose graciosamente como si fueran majestuosos bailes de coreografías celestiales.

Pasaron los años y Nemo ya daba señales de cansancio. Los peces Beta duran alrededor de dos años. Nemo ya tenía tres. Su piel ya empezaba a presentar las lesiones del invierno que nos deja la vejez. Nadaba con dificultad cuando Jorge no estaba cerca.

Al llegar Jorge a hablar con él, sacaba fuerzas de donde no las tenía para nadar alegre junto su amigo y demostrarle cuánto lo quería. Ambos aprovechaban al máximo el tiempo juntos. Eran amigos inseparables que nunca olvidarían las hermosas experiencias que a diario tenían en la mañana, la tarde y en la noche al despedirse Jorge para irse a acostar.

La madre de Jorge observaba con ternura el gran esfuerzo de Nemo para mantenerse con vida y seguir dándole alegría a su hijo. Una noche, luego que Jorge se despidió de Nemo, se sentó al lado de la cama de Jorge, para hablar con él: "Mi amor Nemo lleva tres años con nosotros. Nos ha regalado un año adicional a lo que normalmente viven los peces betas. Sé que él quiere seguir dándote la alegría que ha compartido contigo por estos hermosos años. Pero creo que es momento de despedirse y darle la oportunidad que viaje al paraíso de los peces en el cielo."

Jorge se puso muy triste, pero comprendió que era el momento de despedirse de su gran amigo. Recordó todos los momentos hermosos que había pasado con él en esos maravillosos tres años. Le enseñó lo maravilloso que es dar amor a una mascota y recibirlo en un grado mucho mayor a cambio.

Reconoció lo maravilloso que es compartir con un ser vivo diferente a él que, sin importar su estado de ánimo, buscaba siempre darle alegría y demostrarle su amor. Se durmió llorando, pensando en el triste momento que enfrentaría cuando llegara su partida. Sin sospechar que esa noche sería su última despedida.

La mamá de Jorge se paró frente a Nemo para hablar con él. Estaba nadando de lado, señal de que estaba muy enfermo y luchando con la muerte. Al ver a la mamá de Jorge hizo malabares para nadar derecho y seguir brindándole alegría a su familia: "Nemo, has sido la fuente de alegría de todos en la casa.

Nos has dado amor, esperanza y gran dedicación. El paso de los años ya está marcado en tu piel. Estás haciendo lo imposible por mantenerte junto a nosotros para no hacernos sufrir. Le diste los mejores años de tu vida a Jorge y él ha sido muy feliz junto a ti, pero ya es momento de descansar. Nunca te olvidaremos, has sido el mejor compañero que un niño podía tener. El paraíso de los peces te espera. Es tu momento de partir."

Nemo, aunque no lo podamos creer, había entendido el mensaje. El último año de su vida había representado un gran esfuerzo para él. No quería abandonar a su amigo. Disfrutaba mucho los momentos con Jorge. Sabía que su partida le iba a causar mucho dolor. Pero había cumplido su misión, era el momento de partir. Esa noche Nemo decidió descansar.

En la mañana, cuando Jorge fue a saludar a Nemo, lo vio flotando sin vida en la pecera. Fue llorando donde su mamá para darle la triste noticia. Jorge estaba muy triste, pero luego de la conversación con su mamá sabía que Nemo estaría mejor en el paraíso de los peces. Ambos con mucho cariño cogieron a Nemo de la pecera y lo sepultaron en el patio de la casa para siempre recordar la hermosa amistad de un pez con una misión muy especial y un propósito cumplido.

Pasaron los años, pero Jorge nunca olvidó a Nemo. Le enseñó lo importante que era cuidar y querer a sus mascotas. Aprendió a reconocer y aprovechar cada momento para dar lo mejor de él en una amistad incondicional.

Le dolió en lo profundo del corazón su partida, pero reconoció que Nemo había cumplido su propósito en la vida y era el momento de su liberación al paraíso de los peces. Ahora su nuevo propósito era embellecer y alegrar los maravillosos lugares que existen en el cielo.

Cristina, profundamente emocionada por la historia, derramó algunas lágrimas pensando en la partida del pez Nemo y la tristeza de Jorge al perder a su amigo. Cristina le dice: "Es una historia triste, pero llena de profundo amor."

Gabriela, con gran paz en sus palabras, le contesta: "Es una historia de amor y gran enseñanza para nuestro día a día. Jorge aprovechó cada oportunidad que tuvo para compartir con su amigo. Tuvo la opción de simplemente verlo en las mañanas y no hacerle caso. Pero decidió darle todo su amor y compartir todo el tiempo disponible para demostrar lo importante que era en su vida, el valor de su mascota.

También aprendió a entender el dolor de una pérdida el cual nunca estamos preparados. Nosotros debemos aprender a reconocer las oportunidades y saberlas escoger. Así como Jorge escogió dar amor y recibirlo a cambio. Tenemos las oportunidades de escoger lo que nos hace felices o dejarlas pasar.".

Cristina continuó hablando: "Eso me recuerda otra historia de una amiga que escribió un cuento en la escuela secundaria. Era una joven emprendedora con muchos sueños. Sus compañeros no entendían su potencial y siempre estaba sola. Tenía una gran visión del futuro, pero estaba completamente fuera de época. Sus amigos siempre eran personas mayores ya que eran los únicos que la entendían.

Ella recibió una gran lección de vida luego de escribir ese cuento. Su maestra lo calificó muy por debajo de sus demás compañeros. Pero no se rindió, tuvo la oportunidad de revisar los comentarios que le hizo la maestra. Sin embargo, si cambiaba lo que había escrito, cambiaba el mensaje que quería transmitir en el cuento. Tenía tres opciones: presentarlo como estaba, cambiarlo de acuerdo con los comentarios, o no participar del certamen literario.

Decidió evaluarlo, le hizo pequeños arreglos sin cambiar el mensaje que encerraba en sus líneas. Tenía la oportunidad de cumplir su sueño y ser considerada una buena escritora. En el camino tuvo sus dudas. Pensaba que no era lo suficientemente buena para ganar.

En varias ocasiones pensó que era mejor no participar ya que la evaluación del cuento no había sido satisfactoria. Sin embargo, decidió participar del certamen sin esperar el sorpresivo resultado de su participación." Gabriela, intrigada por la historia le pidió que la compartiera.

El certamen literario y las enseñanzas aprendidas.

Daniela era una joven alegre, inteligente con muchas habilidades. Le gustaba leer, escribir, practicar deportes y participar en investigaciones que pudieran ayudar a cuidar el ambiente. No sabía cuan importantes eran sus visiones. Era muy joven para poder ver el futuro. Su sueño era poder ayudar a los demás. No sabía cómo, pero quería encontrar su misión.

Sus compañeros no compartían mucho con ella. Participaba con mucho entusiasmo de todas las actividades de la escuela. Sus maestros la querían mucho. Siempre contaban con ella para organizar las diferentes actividades curriculares.

En su tercer año de escuela secundaria hubo un certamen literario donde participaría toda la escuela. Podían participar en las categorías de ensayos o cuentos. Los trabajos se evaluarían por los maestros de las clases de español. Ellos seleccionarían los que pasarían a las etapas finales que serían evaluados por jurados especialistas en esas categorías que no eran parte de la escuela.

Daniela quiso participar en la categoría de cuentos. Estaba muy entusiasmada escribiéndolo. Era la historia de un encuentro diario entre un viejito, llamado Juan, con una niña, llamada María, que vivía en el campo junto a un río. La niña era de una familia muy pobre y tenía pocas esperanzas de salir adelante. La historia contaba sus experiencias y el misterio de cómo lo logró.

En la primera etapa del certamen estuvo un poco frustrada por la evaluación preliminar de su maestra. Calificó el cuento muy por debajo de sus demás compañeros. Aun así, lo escogieron para participar si lo corregía. Tenía tres opciones: presentarlo como estaba, cambiarlo de acuerdo con los comentarios, o no participar del certamen literario.

En un momento dado dudó de su capacidad para escribir. Pensó que el cuento no era lo suficientemente bueno, por lo que no debía participar del certamen. La evaluación que realizó la maestra no reflejaba el esfuerzo que le había dedicado al escribir el cuento. Tenía una gran oportunidad de conseguir el sueño que la consideraran una futura escritora. Pero la inseguridad la estaba haciendo dudar.

Hay un pequeño espacio en el tiempo para tomar las decisiones correctas al aceptar o rechazar las oportunidades únicas que se nos ofrecen en la vida. En ese momento internalizó, organizó y analizó todos sus pensamientos. Daniela no se rindió, tuvo la oportunidad de revisar los comentarios que le hizo la maestra. No quería cambiar lo que había escrito para no cambiar el mensaje que quería llevar. Le hizo pequeños arreglos sin cambiar el mensaje que encerraba en sus líneas. Decidió aprovechar la oportunidad y participar del certamen.

En la clase de español tenían que representar una obra o protagonizar un poema con un mensaje para toda la escuela. Luego de las presentaciones se conocerían los ganadores del certamen. Daniela, con su grupo, había trabajado la dramatización del poema *Canción del Pirata*.

Javier, un maestro de teatro amigo de su mamá, los había ayudado a preparar la coreografía. Para presentarlo, tenían que vestirse de piratas. Fue una experiencia increíble donde todos disfrutaron de su presentación. Se les había pedido que se cambiaran de ropa luego de las presentaciones para la entrega de premios del certamen literario.

Daniela estaba segura de que su cuento no sería uno de los premiados. Además, era la categoría donde casi toda la escuela había participado. Se fue al final del auditorio y se puso a hablar con Javier, el maestro que los ayudó. Le estaba comentando de los cuentos que fueron seleccionados y de las altas calificaciones de sus compañeros.

Ella no tenía ninguna oportunidad de ganar. Por esa razón no se cambió el vestuario de la obra. Javier le pidió que le hablara del cuento. Estaban esperando que comenzara la entrega de premios luego de las presentaciones. Por lo que tenían suficiente tiempo para hablar.

Daniela comenzó a contarle: "La historia contaba las experiencias de una joven llamada María y el misterio de cómo logró alcanzar el éxito en la vida. Era la historia de un encuentro diario entre un viejito, llamado Juan, con una niña, llamada

María, que vivía en el campo junto a un río. La niña era de una familia muy pobre y tenía pocas esperanzas de salir adelante.

Juan era un profesor retirado que vivía en el campo. La esperaba todas las tardes a la orilla del río luego que ella saliera de la escuela. La ayudaba en las tareas y la estimulaba a seguir adelante. Sabía que era una joven muy brillante y que tenía un gran futuro por delante. María disfrutaba las conversaciones con su amigo. Aprovechaba cada momento para aprender todo lo que le enseñaba. Sus consejos eran invaluables.

Al llegar a su cuarto año de escuela secundaria, tenía que tomar la decisión si quería seguir estudiando en la universidad o quedarse en el pueblo trabajando para ayudar a su familia. Hablando con su gran amigo, que quería como un abuelito, le dijo que era mejor quedarse en el pueblo y comenzar a trabajar para ayudar a su familia. Su familia quería que ella siguiera estudiando, ya que ellos no tuvieron la oportunidad de hacerlo. Pensó en todos los sacrificios que tenía que hacer para lograrlo y tuvo miedo.

Ese día, Juan no se sentía bien y con mucho dolor de dijo: "Es posible que ya no pueda seguir reuniéndome contigo. No me he sentido bien. Pero quiero que pienses en todas las consecuencias de las oportunidades que tienes frente a ti.

Si realmente quieres ayudar a tu familia, debes estudiar y obtener una profesión donde tengas la oportunidad de poder ayudar a los demás, como siempre has soñado. Si decides trabajar y quedarte en el campo, dejarás a un lado tus grandes metas. Es una fuerte decisión." María lo escuchó con tristeza. Esa fue la última vez que pudo compartir con él, ya que enfermó gravemente y falleció.

María aprovechó la oportunidad que tenía frente a ella. Estudió psicología y pudo ayudar a muchas personas a enfrentar sus miedos y a luchar por sus metas, aumentando su autoestima. El cuento termina con ella a la orilla del río, reflexionando sobre su niñez y que habría pasado si no hubiera elegido seguir estudiando y quedarse en el campo.

En ese momento, el viento soplaba suave y entre la brisa se escuchó una voz en el río que le dijo: "Estoy muy orgulloso de ti. Supiste enfrentar tus miedos y luchar por tu verdad. Hoy eres una gran psicóloga que ayuda a muchos a superar sus miedos y luchar por sus metas. Nunca dejes de ayudar a los demás. Esa es tu gran misión." Al final, ella comprende el propósito que tenía y la importancia de reconocer y aprovechar las oportunidades que nos da la vida.

Javier, impresionado con la historia, le dice que no pierda las esperanzas. Su cuento es espectacular. Comenzó la entrega de premios. Llamaron al tercer y segundo lugar en la categoría de cuentos. Daniela le contó a Javier que esos habían sido los cuentos de mayor calificación.

En ese momento le dijo que ya no había esperanza. De todas formas, tampoco se había cambiado de ropa. Cuando llamaron al primer premio, Daniela no podía moverse. Su cuento ganó el primer lugar. Fue la única estudiante en buscar el premio con el vestuario de la obra, una pirata.

Daniela aprendió una gran lección en su vida. Nunca rendirse y no perder las esperanzas cuando trabajas duro por alcanzar tus metas. Su cuento también encierra una gran lección de vida. Nunca rendirse en situaciones difíciles. Sobre todo, no rechazar las oportunidades únicas que nos da la vida. Aun cuando ello represente hacer fuertes sacrificios para lograr el éxito.

Cristina terminó diciendo: "Daniela tuvo la opción de rendirse y no participar. Pero decidió aceptar el reto y luchar por su sueño. No sólo hizo una excelente representación de la obra, también logró su sueño de ganar el certamen y ser considerada una futura escritora.

Al igual que la protagonista de su cuento, aprendió que en la percepción del tiempo hay opciones y oportunidades que vemos, aceptamos o dejamos pasar dentro de su espacio.

Lecciones que podemos aplicar a todas las experiencias de la vida."

En esos momentos se oyó el silbido de un tren que llegaba a la estación. Era el tren que esperaban. Ambas estaban a punto de comenzar su nueva aventura al tomar su próxima ruta en la estación del tren.

EL TIEMPO QUE SE VA Y NO VUELVE

CAPÍTULO II

Encuentros inesperados – segunda estación del tren

Gabriela, al igual que Cristina, experimentaba una leve ansiedad. Iba sumergida en sus reflexiones sobre las experiencias vividas y las oportunidades que se le presentaron antes de abordar el tren. Pensaba en aquellas que dejó pasar, quizás por miedo o por considerar que no eran las mejores elecciones. No obstante, tenía la certeza de que en esta nueva ruta del tren encontraría el camino adecuado para alcanzar sus metas.

El entorno alrededor de los rieles era muy hermoso. Se encontraba colmado de flores que embellecían el trayecto y deleitaban la vista de los transeúntes. Inspiraba una sensación de paz y armonía en todos los presentes. Los colores desplegaban una impresionante brillantez, esparciendo destellos como las gotas de un arcoíris al ser acariciados por los rayos del sol.

Absorta en las maravillas que observaba en el camino, Gabriela llegó a la siguiente estación del tren. Esta parada era muy distinta a la anterior. No había el bullicio típico de una estación de tren, sino que las personas se movían con alma, buscando el vagón correspondiente a su destino. El lugar estaba impregnado de la majestuosidad de la naturaleza. Gabriela buscó un lugar donde sentarse mientras aguardaba la llegada de su próximo tren. Los bancos estaban al aire libre y el aroma de las flores impregnaba el aire, realzando la belleza del paisaje.

Mientras observaba cada detalle de la hermosa naturaleza que tenía frente a ella, se aproximó un señor mayor con un rostro familiar que no podía ubicar en su memoria. Poseía una hermosa barba blanca que hacía juego con su cabello del mismo tono, blanco como la nieve. Al acercarse, le dijo: "Buenos días joven, ¿le molesta si me siento a su lado?" Gabriela respondió con cordialidad: "No, para nada." Entonces, entablaron una conversación con una familiaridad que sorprendió a Gabriela, como si lo conociera desde siempre.

"Disculpe," le dijo Gabriela: "llevamos un buen rato conversando y aún no nos hemos presentado. Soy Gabriela." El señor mayor le contestó: "Me llamo Alberto. Soy un viajero incansable en busca de grandes aventuras. A lo largo de mi trayecto por la vida, he descubierto maravillosas historias y en muchas ocasiones he sido un instrumento de superación.

Muchos de estos encuentros fueron inesperados, oportunidades donde pude aconsejar y ayudar a visualizar caminos a personas en situaciones difíciles. A veces, los consejos son acertados, pero la decisión final recae en aquellos que deben reconocer, aceptar o rechazar las oportunidades que nos brinda la vida. Todas estas experiencias pueden compararse con las rutas del tren, ya que representan el viaje que es la vida misma."

Gabriela quedó impresionada por la profundidad de las palabras de Don Alberto. Mientras lo escuchaba atentamente, recordó la historia de una niña que soñaba todas las noches con un hombre llamado Emanuel. Este le brindaba consejos en sus sueños, los cuales luego aplica a su vida diaria. A medida que la niña creció, Emanuel se despidió de sus sueños, pero le aseguró que siempre estaría a su lado, aunque no pudiera verlo. Intrigada por esta narración, Gabriela le pidió a Don Alberto que le contara más sobre ello.

Sueños con Emanuel

Era una noche clara y serena. La temperatura era cálida y el silencio se veía interrumpido únicamente por el dulce canto de un coquí, que otorgaba vida la espectacular visión de miles de estrellas en el firmamento. La luna resplandecía en todo su esplendor. Desde la ventana de su habitación, una niña observaba con curiosidad el magnífico espectáculo.

Helena era una niña de once años, alegre y soñadora. Su nombre, que significa alegría y brillante como el sol, reflejaba su visión del futuro, la cual dejaba volar con su rica imaginación. Su cuarto estaba lleno de juguetes que la acompañaban en las noches y la alegraban durante el día. Era un espacio encantador que estimulaba la maravillosa e ingeniosa mente de esta pequeña muy especial. Le gustaba ir a dormir temprano porque en sus sueños recibía la visita de un ser increíble con el que sostenía largas conversaciones antes de despertar.

En sus sueños, ella era la cuarta de cinco hermanos en una familia sumamente pobre. Vivía en un lugar desértico, donde se vislumbraban numerosas palmeras en lugares específicos que rodeaban los pozos de agua que utilizaba la pequeña aldea. A estos lugares los llamaban oasis. Su casa era de barro y el suelo estaba hecho de tierra. Estaba protegida por una cerca de madera con un portón construido con piedra, madera y barro, muy peculiar, que se encontraba en la entrada. Sin embargo, la niña no sabía dónde estaba ubicado este lugar.

Cada tarde, en sus sueños, después de cuidar el rebaño, debía ir a buscar agua en jarrones para cubrir las necesidades de su hogar. Pero en las mañanas, antes de encargarse de las ovejas, recibía la visita de un joven que la esperaba junto al portón para acompañarla hasta el pozo. Allí se sentaban a hablar sobre sus experiencias cotidianas. Este joven se llamaba Emanuel.

Emanuel era alto, de cabello castaño largo y ojos color aceituna que irradiaban una gran sensación de tranquilidad. Así como en la vida real, Helena en sus sueños siempre demostraba un deseo de superación. No obstante, el lugar en el que vivía en sus sueños no permitía que las mujeres prosperaran.

Emanuel le hablaba sobre la importancia de aprender para lograr todo lo que quisiera alcanzar en su futuro. Le abrió los ojos a numerosas oportunidades que podría tener simplemente creyendo en sí misma y reconociendo su potencial. Emanuel se ofreció enseñarle a leer y escribir, ya que era un maestro. Al principio, Helena dudó porque le decían que las mujeres no pueden aprender ni ser nadie en la vida que no fuera cuidar la casa y la familia. Pero decidió seguir adelante y aprovechar la oportunidad.

Con el paso del tiempo, los consejos pasaron de un lugar desértico a las experiencias de la joven en su vida diaria. Aunque estaba rodeada de mucho amor en su hogar, su autoestima estaba baja debido a las situaciones de acoso y desprecio que a menudo sufría en la escuela.

La trataban diferente por ser tan soñadora y no querer participar de las travesuras y aventuras, muchas veces negativas, de sus compañeros de clase. Emanuel la aconsejaba diariamente y enfatizaba la importancia de ser fuerte, mantener la frente en alto y creer en los principios que estaban en su corazón. Sobre todo, que nunca dejara de hacer el bien a los demás y siguiera siendo la joven dulce y amable que luchaba y se sacrificaba por alcanzar sus metas.

Helena empezó a creer en sí misma y a demostrar su potencial. Nunca abandonó sus metas. Logró tener éxito en un campo donde los hombres no permitían que trabajaran las mujeres. Sus sacrificios fueron recompensados con el reconocimiento de aquellos que la menospreciaban al destacarse en su trabajo.

Con el tiempo, sus sueños dejaron de ser tan frecuentes hasta que ya no soñó más con Emanuel. Pero sus enseñanzas y consejos la acompañaron toda la vida. Siempre sintiendo su presencia junto a ella, aunque ya no pudiera verlo.

Al terminar la historia, Gabriela le dice a Alberto: "En la historia de este encuentro inesperado se puede ver cómo Helena aprovechó las oportunidades que se le presentaron en la vida siguiendo los consejos de Emanuel. Como en sus sueños, la profesión que escogió en el momento que comenzó a trabajar estaba dominada por hombres que menospreciaban el talento de una mujer. Siempre enfatizando que las mujeres no eran capaces de realizar los trabajos que ellos hacían. Sin embargo, aprovechó las oportunidades y no se dejó amedrentar. Aprendió a ser fuerte ante la adversidad para alcanzar el éxito en su futuro. Supo escoger el vagón del tren con la ruta adecuada."

Alberto la escuchaba con mucha atención. Estaba analizando la historia con detenimiento mientras pensaba en la lección de vida que encerraba esa narración. Le comenta a Gabriela: "Nunca debemos menospreciar las capacidades que tenemos. Es necesario creer en todo lo que somos capaces de hacer sin importar las opiniones de los demás. Sobre todo, es preciso tener presente que podemos hacer todo lo que nos propongamos con firmeza y dedicación."

En esos momentos recordó la historia de una niña que tuvo la experiencia de morir y regresar a la vida a los once años. En su inocencia de niña, no sabía lo que le había pasado. Pensó que era un sueño. Pero su experiencia, en ese encuentro inesperado, es una historia digna de compartir. Gabriela, al escucharlo, enseguida le pidió que se la contara.

Muerte a los once años

Valeria era una niña enfermiza desde tempranas etapas de su vida. Padecía de infecciones de amígdalas severas. Cada vez que tenía un episodio, las fiebres eran tan altas, que la sumergían en una bañera con hielo para bajar la temperatura. En varias ocasiones terminaba teniendo convulsiones.

A pesar de su condición, Valeria era una niña con muchos talentos. Le gustaba escribir poemas, cuentos, pintar cuadros, entre muchas otras manualidades que destacaban sus habilidades. Debido a sus frecuentes ausencias escolares, se programaron ocho veces cirugías para extirparle las amígdalas. Pero cada vez que se acercaba la fecha, la fiebre aparecía y se veía obligada a que cancelar.

Una de sus maestras solía decirle, al entregar sus trabajos, que felicitara a su mamá por el gran trabajo que había hecho. La maestra nunca creyó que Valeria poseía las habilidades para realizar lo que consideraba demasiado complejo y perfecto para una niña de su edad. A pesar de sus esfuerzos en presentar todo lo que se le pedía, siempre recibía el mismo comentario. Su autoestima se estaba viendo afectada y el cansancio por las constantes infecciones la estaban frustrando.

Una noche, luego de acostarse a dormir, Valeria sintió como si se separara de su cuerpo. Pensó que era un sueño. Al observarse en la cama, vio a su mamá llorando a su lado, a su abuelita rezando el rosario en la otra habitación y a su papá llamando por teléfono con gran agitación. En ese momento, sintió como si saliera del techo de la casa y se elevase hacia el cielo.

La brisa era tan fuerte que le costaba mantener los ojos abiertos. En ese momento, vio como dos ángeles enormes la agarraron suavemente por los brazos. Tuvo que cerrar sus ojos debido a la rapidez con la que volaban. Su camisón de dormir había cambiado a una túnica blanca con una banda larga azul que colgaba a cada lado del cuello hasta el final de la túnica.

Los ángeles la llevaron a un lugar tan hermoso que resultaba difícil de describir. Había un río de aguas cristalinas en el que podía ver las piedras en el fondo y unos peces de infinidad de colores nunca vistos por ella, nadando en él. Los ángeles la sumergieron tres veces en el río y la pusieron en la orilla. Para su sorpresa, estaba completamente seca. En ese momento dejó de ver los ángeles.

El lugar era algo tan maravilloso que no existían palabras adecuadas para expresar y describir su increíble belleza. Solamente sentía deseos de caminar y disfrutar de la paz que experimentaba en aquel lugar. Durante su recorrido, pudo observar enormes árboles que engalanaban las áreas verdes.

Encontró un jardín con flores de gran tamaño y colores tan brillantes que nunca había visto en su lugar de origen. El jardín bordeaba el río, añadiendo un toque de majestuosidad a aquella escena digna de la pintura del más aclamados y famosos artistas que jamás hayan existido.

Resultaba curioso que caminara descalza y no sintiera molestias por las piedras en el camino. Al contrario, parecía como si estuviera caminando en el aire. Al llegar al final del camino, observó un edificio inmenso construido en piedra, con escaleras sumamente anchas. Las paredes de las escaleras estaban decoradas con figuras que parecían jeroglíficos. A medida que iba subiendo, las escaleras se volvían más angostas hasta que llegó a la entrada de un túnel con una luz brillante al final.

Siguió su camino y al atravesar la luz, se encontró con algo maravilloso. El lugar estaba repleto de muchas luces volando en todas las direcciones con diferentes formas y algunos destellos de colores cálidos que emanaban una paz que se hacía sentir. Frente a ella, había tres figuras brillantes, una de un resplandor más intenso en el centro y las otras dos a ambos lados. A cada extremo de esas tres figuras se encontraban otras seis de menor brillantez. Sus ojos no pudieron distinguir quienes eran las luces, solo podía percibir las siluetas de las personas. Estaba segura de que se encontraba frente a la presencia de Dios.

Valeria, una niña de once años y de una fe infinita, se arrodilló y bajo la cabeza: "Señor, yo no soy digna de estar aquí." La luz brillante del centro le dijo: "Levántate Valeria. Eres una niña muy especial que ha pasado por muchas pruebas desde que naciste. Tu enfermedad no te ha permitido desarrollarte como tú has querido. Te prometo que desde hoy no volverás a enfermarte ni pasarás por los episodios de fiebres tan altas. Pero necesito que hagas algo, quiero que escribas todo lo que has visto y hemos hablado y se los entregues a tu maestra."

Estuvieron hablando largo rato sobre su enfermedad, sus juegos de niña y las cosas que más le gustaban. Sobre todo, de las grandes oportunidades que iba a tener en la vida y cómo sus decisiones serían claves para poder alcanzar el éxito. Al finalizar la conversación Valeria le dice: "Este lugar es tan hermoso y se siente una paz increíble, por favor no dejes que vuelva, quiero quedarme aquí." La luz le contesta: "Tienes que regresar porque tienes una misión que cumplir en la Tierra."

Acto seguido Valeria sintió cuando dos ángeles la agarraron suavemente por los hombros y comenzó el regreso a su casa. Ya estando sobre la casa y comenzando el proceso de entrar a su cuerpo, vio cómo su mamá le acariciaba su cabeza con tristeza, esperando que ella reaccionara. Al abrir los ojos, su mamá emocionada llamó al resto de la familia, la niña había regresado.

Valeria pensó que todo había sido un sueño. Al contárselo a su familia, su mamá le prohibió que le contara nada a nadie y menos en la escuela porque la catalogarían de loca o hasta espiritista. Luego de todos los problemas que había tenido, podría buscarse más. Valeria se sintió mal por no cumplir la tarea que le dio el Señor. Nunca más volvió a enfermarse como Él le prometió.

A medida que pasaban los años, le intrigaba como había podido cruzar el túnel. En los libros que había leído sobre experiencias de vida después de la muerte, los que tuvieron la experiencia regresaron antes de llegar a la luz. Luego de muchos años leyó el libro de "El cielo es real" de Todd Burpo, donde un niño de cuatro años estuvo a punto de morir durante una operación y visitó el cielo. Fue entonces cuando comprendió que su inocencia de niña le permitió tener las bellas experiencias después de la luz.

Alberto le dice al final de la historia: "Todos los días de su vida se ha preguntado cuál es su misión. Ha tenido la oportunidad de ayudar a muchos jóvenes en diferentes áreas tanto académicas como profesionales, incluso en el deporte. Siempre aprovechó todas las oportunidades que se le presentaron y muchas veces tuvo que escoger sin saber cuál era la mejor.

Aunque también siempre se preguntó qué hubiese pasado si en vez de quedarse callada hubiese escrito lo que le sucedió y se lo hubiese entregado a su maestra. Nunca lo sabrá. Las oportunidades vienen una sola vez en la vida. La aprovechamos o las dejamos pasar. Nunca dejaremos de pensar qué hubiese pasado si no las hubiésemos dejado pasar."

Gabriela quedó impresionada con la historia. Pensaba cómo se debió haber sentido la niña, que era de una gran fe en Dios, al no cumplir con su mandato. Quizás, estuvo toda su vida pensando qué hubiese pasado si lo hubiera dicho. Quizás, la maestra la hubiese tratado mejor. O quizás, el que Alberto lo esté contando sea una manera de diseminar la historia para que lleve un mensaje a los que tantas veces necesitan escuchar situaciones increíbles para poder creer en algo.

Gabriela le comentó a Alberto que conocía otra historia de un encuentro inesperado. Solo que este encuentro fue en un sueño. Era la historia de una amiga que pensaba que ya no iba a poder ser madre debido a situaciones de salud. Agravando la situación el hecho de que, si quedaba embarazada, era considerado un embarazo de alto riesgo por su edad.

Nunca imaginó las decisiones que tuvo que tomar ni los resultados y consecuencias que tendrían sus decisiones al momento de quedar embarazada. Un encuentro inesperado en un sueño le revela un mensaje inspirador en momentos donde tenía que tomar la decisión de tenerlo o no. Alberto, intrigado con la introducción a la historia, le pidió que se la contara.

El sueño con Faustina

Dánae era una joven de 38 años muy exitosa en su carrera. Había luchado fuertemente contra muchos obstáculos para lograr sus metas en una profesión donde a las mujeres no se les consideraba. Su nombre significa "lluvia valiosa que da vida". Así había sido la trayectoria a través de toda su vida. Siempre ayudando a los demás y olvidándose muchas veces de ella misma para dar esperanza y dirección a todos los que buscaban su refugio.

Hacía unos años le habían diagnosticado esterilidad por endometriosis y menopausia prematura. Razón por la que estaba inmensamente frustrada porque siempre soñó con ser madre. Había intentado muchas veces quedar embarazada sin tener éxito. En un viaje con su esposo, cuando ya había perdido todas las esperanzas, comenzó a entirse mal. Tenía el agravante de tener sangrados leves casi todos los días. Con el pasar del tiempo se sentía peor.

Viajaron a visitar a la mamá de Dánae a su ciudad natal en un fin de semana. En el patio había un árbol enorme de mangó que siempre tenía una sábana de ellos en el piso por la gran cantidad de cosecha que daba todo el año. A Dánae no le gustaba el fruto, pero en ese viaje le pidió a su madre que le hiciera jugo de mangó para llevárselo a la casa.

Su madre, muy sabia, luego de saber que todo le caía mal y que no se sentía bien hacia varias semanas, le dijo: "Dánae, yo creo que tú estás embarazada." Dánae le responde: "mami sabes que ya me dijeron que no podía tener hijos. Debo tener otra cosa." La mama le contestó: "Yo creo que debes hacerte una prueba de embarazo casera. Si es negativa, hacemos una cita con tu médico y realizamos los análisis necesarios."

Dánae le hizo caso a su mamá y se realizó la prueba casera. Era un milagro lo que veía en sus manos. Porque, para su sorpresa, la prueba estaba positiva. Muy emocionada llamó a su mejor amiga Alida, ginecóloga, para contarle lo que le pasaba. Le explicó que llevaba varias semanas sangrando leve y que se estaba sintiendo mal. Al realizarse la prueba casera de embarazo dio positiva. Alida le dijo: "necesito que vengas a mi oficina de inmediato para darte un referido de la prueba de sangre. Si es positiva, tenemos que comenzar a tratarte de inmediato porque lo que me estás describiendo son síntomas de aborto."

De inmediato Dánae se dirigió a la oficina de su amiga. Se realizó la prueba en el hospital y dio positiva. Ella estaba muy emocionada. Era un milagro que fuera cierto. Comenzó el tratamiento de inmediato para evitar perder al bebé. Las primeras doce semanas tuvo que acostarse para proteger el embarazo.

Al cabo de esas doce semanas, su amiga le pidió que fuera a la oficina para hablar con ella. Alida de dice: "Esto es un embarazo de alto riesgo. Tu condición de salud y tu edad representan un gran peligro. Mi recomendación es que te hagamos una amniocentesis para ver si el bebé viene sano o tiene algún defecto genético. De ser así, tenemos que tomar la decisión de seguir el embarazo o terminarlo para evitar futuros problemas. Es una decisión difícil, pero a tu edad es importante que sepas todas las alternativas para evitar las consecuencias futuras."

En ese momento Dánae recordó la historia de su maestra de religión de escuela superior. Ella quedó embarazada a los 40 años. Su esposo, ginecólogo, le exigió que se hiciera una amniocentesis. El resultado señaló un sin número de defectos genéticos. El esposo le exigió que se hiciera un aborto porque no quería un hijo con tantos defectos que a su edad no pudieran criar. También le dijo que si no se hacia el aborto, era el final de su matrimonio.

Ella se retiró a una montaña a meditar y a pedirle a Dios que la dirigiera. En ese momento el bebé la pateó. Sintió que esa era la señal y decidió tenerlo sin importar las consecuencias. El esposo la dejó sola en su embarazo. Al nacer no tenía ningún defecto, fue un niño completamente sano. Al crecer, el único defecto que presentó en su desarrollo fue ser un genio.

Dánae le contestó: "He esperado toda mi vida por ser madre. No importa si viene con defectos genéticos, voy a seguir con el embarazo." Alida le insistió: "no me contestes ahora. Toma tu tiempo y analiza las consecuencias de un niño con problemas. Entre ellas, que tú faltes y no estés presente cuando él sea adulto y necesite de cuidados que nadie más que tú se los pueda dar." Esa decisión la hizo pensar mucho en su futuro. En un momento dado dudo de seguir con el embarazo si se hacia la amniocentesis y el bebé venía con problemas. Al igual que su maestra, no sabía qué hacer.

Una noche, mientras dormía, tuvo un encuentro poco usual. Estaba en la entrada de una iglesia donde la esperaba una mujer. Ella le dijo que se llamaba Faustina. Nunca había escuchado el nombre ni la había visto antes. Entraron juntas a la iglesia y la pasó por un pasillo. Le dijo que observara cuidadosamente una custodia del Santísimo Sacramento que ella tenía en un lugar especial y la guardara en su corazón. La custodia tenía rayos dorados brillantes que salían del borde donde se encontraba el Cuerpo de Cristo.

Al finalizar el recorrido le dijo: "Vas a tener un hijo varón. Viene con una misión muy especial en la Tierra. No tengas temor." Al despertar comenzó a llorar dándole gracias a Dios por ese mensaje. Sobre todo, en momentos donde tenía que tomar la decisión de tener su bebé o terminar su embarazo si decidía hacerse la amniocentesis y se detectaban problemas. Ella decidió no realizarse la amniocentesis, escogió la oportunidad de ser madre. Sus dudas se disiparon y continuó con su embarazo. Tuvo un niño sano, muy inteligente que ha sido instrumento de cambio en muchas situaciones difíciles que ha enfrentado. Además de inspirar a muchas personas en su camino.

Alberto quedo impactado por la historia y le dice a Gabriela: "A veces los mensajes llegan de las formas más impresionantes e inesperadas. Dánae tuvo que tomar una fuerte decisión. Si hubiese escogido el aborto, la humanidad habría perdido la oportunidad de tener un mensajero de paz en momentos que enfrentamos gran desasosiego en nuestra sociedad."

Gabriela le contestó: "Tiene mucha razón Don Alberto. Pero los encuentros inesperados no solamente los vemos en personas. En ocasiones recibimos lecciones de vida de quienes menos lo imaginamos, como los animales. Ellos también tienen situaciones parecidas a los seres humanos. Sus experiencias son también enseñanzas importantes para nosotros.

Le voy a contar una historia de dos animalitos que, aunque especies diferentes, supieron reconocer y superar las dificultades que tuvieron que afrontar. Es una historia muy especial que debemos meditar. Es la historia de un gallo y una guinea." Alberto le pide con sutileza que se la cuente.

La historia del gallo y la guinea

Érase una vez y dos son tres, como dicen los cuentos de hada, un gallo y una guinea que se conocieron en un lugar poco común. Solo que esta historia no es un cuento de hadas, sino una historia real. Esta curiosa pareja se conoció en los predios de mi trabajo. Tenían disponible un área extensa de vegetación donde pasar sus días.

En ese momento solamente había dos edificios construidos. Se podía escuchar el canto de los pájaros a todas horas y el cantar ruidoso de las cotorras que en las mañanas volaban de los grandes árboles que adornaban el precinto a buscar su alimento y su regreso en las tardes a sus nidos. Era todo un espectáculo verlas volar. Siempre volando en pareja o con sus crías. Se podía observar con detenimiento el cielo azul que adornaba el fondo del área verde junto a sus hermosos y grandes árboles, testigos silentes de cientos de años de experiencia en ese espectacular lugar.

En las mañanas, al llegar a la entrada de las facilidades para comenzar mi jornada laboral, siempre los encontraba juntos buscando alimento en las áreas verdes. A veces jugueteando, corriendo uno al lado del otro o viendo a la guinea dirigir al gallo donde ella quería que fueran. A veces a sitios un poco peligroso, como cruzando una avenida, para buscar como detectives qué podían encontrar en las pequeñas áreas verdes de los lomos que dividían los carriles de la carretera, buscando y escarbando en el terreno.

Era muy interesante verlos juntos. Jugaban, compartían y descansaban en lugares muy especiales a la vista de todos los que transitábamos por las calles del complejo. En ocasiones cruzaban la calle y me preocupaba que algún vehículo les hiciera daño. Pero al ser una pareja tan dispareja, todos los observaban y tenían especial cuidado de velar por su seguridad.

Es muy raro ver guineas en la ciudad. Son aves de campo que necesitan amplios espacios abiertos ya que tienen la característica de correr a gran velocidad. Son de color gris y negro con muchos puntos pequeños blancos de plumaje sumamente abundante. Pueden vivir entre seis y ocho años. Su canto es bien característico. Mi abuelita siempre decía que su sonido era: "Choplá, choplá, choplá".

Estas aves normalmente permanecen en grandes grupos sin contacto frecuente con los seres humanos. Y, a diferencia de otras especies, tienen una sola pareja de por vida. La hembra es quien hace el nido en lugares planos y abiertos. Nuestra guinea tenía esos colores característicos y su plumaje brillaba a veces como el sol. Pero era la única de su especie en este lugar.

Por otro lado, nuestro gallo, posee una cresta roja carnosa coronando su cabeza con plumas largas y densas. Caminaba gallardo con un porte de príncipe que cualquiera decía era de la realeza. Su plumaje era de colores brillantes que sorprendía a todos los que pasaban junto a él y tenían que pararse a observarlo con detenimiento. Rojo brillante, negro y marrón eran algunos de los colores que engalanaban su peculiar combinación.

Como en todas las parejas, esta curiosa familia tenía sus características especiales. La guinea era de genio fuerte y la que guiaba y dirigía al gallo gallardo. El gallo la seguía dondequiera que ella iba. Pues, si se tardaba un poco, ella lo iba a buscar para que siguiera derechito detrás de ella. Se observaba como la protegía cuando ella estaba ofuscada buscando comida entre las yerbas que cubrían el terreno.

Una mañana me extrañó ver solo al gallo. Fueron varios días que se veía triste en la entrada del complejo junto al guardia de seguridad. Por curiosidad pregunté si sabían qué ocurría con la guinea. Para mi sorpresa, ella había hecho un nido y tenía muchos huevos. Estaban esperando hijitos. Pero iba a ser muy difícil este anidaje, pues eran de dos especies de aves diferentes.

Me pregunté si por los misterios del destino iba a poder procrearse la combinación increíble de gallo y guinea. El guardia me dijo que de esa combinación salían faisanes y que pronto veríamos a su cría. Como él tenía conocimiento de animales del campo no dudé de su palabra. Sin embargo, busqué información sobre la posibilidad de tener un híbrido o combinación de gallo con guinea.

Para mi sorpresa, existen híbridos de ambas especies, no los nombran faisanes, pero los gallos que nacen de la combinación tienen plumaje similar al de la guinea. Tienen una majestuosa combinación y se ven impresionantes. Las gallinas guineas que pueden producirse son más pequeñas, pero de un plumaje igual al de la guinea madre.

Estaba ansiosa de ver la prole de mis dos amiguitos especiales del trabajo. Que, junto con el gato y las palomas, me saludan todos los días a mi llegada al trabajo sacándome una sonrisa y alegrando el comienzo de mi jornada laboral. Al igual que me despiden en las tardes cuando regreso a mi hogar.

Fueron varias semanas que vi al gallo en la entrada solo y muy triste. Su pareja de vida estaba anidando y él estaba nostálgico. En ocasiones pude ver a la guinea buscando alimento, pero rápido se desaparecía para seguir anidando. Muchos estábamos ansiosos por ver a la prole. Sin embargo, no nacían. En el transcurso de las semanas hubo muchas lluvias y momentos en que pensé podían correr peligro tanto la guinea como los huevos. Ella nunca abandonó su nido. Siempre los protegió y se mantuvo como una madre fiel al cuidado de su futura cría.

Siguieron pasando las semanas y los polluelos no nacían. Se nota la desesperación del gallo caminando solo cerca del guardia y cuidando el camino donde anidaba su pareja. Ella perdió mucho peso y se notaba desmejorada. Su nido era más importante que salir a buscar alimento. Pero mantenía la gran ilusión, como cualquier madre, de poder tener sus hijos. Ella sabía que el guardia siempre le guardaba comida para que no se separara mucho de su nido. Todos estábamos pendientes de su bienestar.

Pasó más de un mes y no se veían resultados. Un día le pregunté al guardia qué pasaba con la guinea y sus huevos. Lamentablemente, me contestó que no pudieron nacer. Ninguno de los huevos pudo dar un polluelo. Me imagino el dolor de la guinea cuando le quitaron sus huevitos que ya estaban dañados. Se notaba la ilusión de tener la primera cría de su querida pareja tan especial.

Al gallo también se le notó la tristeza y vimos como ayudaba a su pareja a sobrellevar el momento de dolor, igual que los seres humanos. Nunca la dejó sola. En los momentos más difíciles le llevaba alimento para que pudiera completar su tarea de futura madre. Protegía el camino al nido para que nadie se acercara y le hiciera daño. Siempre le demostró lo mucho que la quería. Todos admirábamos a esta pareja tan especial.

¡Qué gran enseñanza nos han dado esta inusual unión! Se unieron en circunstancias extrañas en un lugar poco común para establecer una relación. Se complementaron en circunstancias difíciles de sobrellevar. Lograron lo imposible, aceptar ayuda de personas que eran diferentes a ellos pero que los apreciaban. Trataron de procrear su descendencia y lamentablemente no pudo ser.

¿Cuántos seres humanos pasan por las mismas circunstancias y no pueden sobrellevar el dolor y se separan en relaciones destrozadas? ¿Cuántas parejas inusuales en nuestra sociedad son marcadas por ser diferentes y no les permiten ser felices? ¿Cuántos, hundidos en el dolor, piensan que la vida no es importante y quieren morir? ¿Cuántos desprecian sus parejas por no poder procrear y las abandonan en su dolor? ¿Cuántos podemos aprender de esta importante e inusual historia que la vida es curiosa y nos trae lecciones que debemos aplicar a nuestro diario vivir? Aprender que, aunque seamos diferentes, tenemos el derecho a ser felices y crear nuestra propia historia. Una historia de lecciones de vida que sirva de ejemplo a nuestra sociedad.

Han pasado varias semanas y ya vemos al gallo y la guinea otra vez juntos cerca de la entrada del guardia. El gallo ya no está triste y la guinea comienza a verse mejor. Esta historia no acaba aquí. Tienen un futuro por delante para lograr su propósito en la vida. Un ejemplo que todos debemos seguir.

Luego de terminar la historia, Gabriela le dijo a Alberto: "Lamentablemente la historia no terminó con un final tan lindo como se cuenta en la narración. Luego de que nuestros especiales amigos volvieron a alegrar los espacios de la amplia facilidad, comenzó la construcción de un edificio cerca de la entrada donde se localizaba el guardia de seguridad. Uno de los trabajadores estaba fascinado con la guinea. Comentó que tenía una crianza de ellas, pero no tenía ninguna de la especie de nuestra amiguita.

Una mañana, al llegar al trabajo, observé al gallo solo y corriendo desesperado de lado a lado como buscando algo perdido. Con mucha curiosidad le pregunté al guardia de la entrada qué le pasaba. ¿Por qué no estaba la guinea? Él me contestó que al llegar a su turno ella no estaba. El gallo, en su desesperación y tristeza, no pudo soportar la pérdida de su pareja. Semanas más tarde murió.

A veces la maldad del hombre no tiene límites y encontramos historias que nos hacen pensar. ¿Por qué no permitieron que estuvieran juntos? ¿Por qué la avaricia en ocasiones causa tanto dolor? ¿Por qué no pueden entender que hacer el bien y dar amor es más importante que la destrucción? Los animalitos también tienen el derecho de ser felices y tratarse con amor. Son seres vivientes que también sienten y padecen como los seres humanos.

Nuestra pareja no tuvo la oportunidad de terminar su historia y lograr ser feliz. En este caso, porque no tuvieron opciones para escoger lo que realmente querían, seguir juntos. En el trabajo todos estábamos tristes. Queríamos mucho a esa pareja tan especial que nos recordaba lo hermoso que es la vida. Sólo espero que tengan un encuentro feliz en el paraíso de los animales."

Alberto le contestó: "Esta historia refleja una gran enseñanza que debemos analizar y aplicar a la vida. En el principio tuvieron que resistir los comentarios de todos los que entendían que no debían estar juntos por ser tan diferentes. Ellos no pensaban así. Siguieron juntos enfrentando situaciones que los unieron más.

El final de la primera parte de la historia es inspirador si pensamos en las parejas de nuestra sociedad. El final de la segunda parte nos enseña que no todo en la vida es color de rosa como dicen los jóvenes. Hay que enfrentar muchas veces situaciones de dolor y aprender que tenemos que seguir adelante para lograr nuestros sueños y cumplir nuestra misión en la Tierra.

Luego de un momento de silencio, Alberto continuó hablando: "Yo pienso que la vida a veces es como una ruleta rusa. Te esfuerzas por lograr tus metas o simplemente, no era lo que esperabas. Te maltrataron en el camino, no valoraron tu esfuerzo, pensaste en el fracaso y recibes el disparo de pensar que has perdido el tiempo. Son los momentos de gran frustración que, al pasar el tiempo, reconocemos fue un período de gran aprendizaje. Las experiencias que he tenido en las vidas que he impactado me han enseñado a nunca perder la esperanza y aprender a confiar en nosotros."

Gabriela no sabía si el final de la historia iba a ser un presagio de su próxima parada en el tren. A veces, cuando todo en la vida parece estar bien, surgen situaciones que nos hacen dudar de nuestras capacidades y perdemos las esperanzas, tal como le dijo Alberto en su conversación. Es en esos momentos donde debemos aprender a confiar en nosotros y brindarnos la oportunidad de seguir adelante.

A lo lejos se escuchó un silbido fuerte y enérgico. Era un sonido profundo y misterioso que no había escuchado en los trenes anteriores. El tren que la llevaría a su próxima parada estaba llegando.

CAPÍTULO III

LOS CAMBIOS SON PARTE DE LA VIDA — TOMA DE DECISIONES EN SITUACIONES DIFÍCILES

"El éxito llega para todos aquellos que lo están buscando"
Henry Thoreau

Esta nueva ruta del tren pasó por lugares sumamente pobres. Se notaba en los rostros de los transeúntes la desesperación, tristeza, falta de ánimo y pocos deseos de vivir. En las calles, se veían niños pequeños descalzos con su ropa sucia, pero a pesar de ello parecían encontrar la felicidad en medio de la difícil situación que estaban viviendo. Gabriela se preocupaba por tener que detenerse en esta estación. Tal vez la espera no sería tan larga. Quizás era el momento de marchar atrás. Quizás era el tiempo de reflexionar.

Al descender del tren, observó el estado deteriorado de la estación. Era un lugar poco agradable. Los bancos, también al aire libre, estaban sucios y deteriorados. Daba la sensación de que una especie de guerra interna hubiese pasado por allí. No había árboles ni espacios verdes que pudieran aliviar el ambiente tenso que se respiraba.

Gabriela podía percibir en lo más profundo que allí habían ocurrido cosas terribles. Se sentía un poco nerviosa buscando un lugar donde sentarse mientras esperaba la llegada del siguiente tren. El único espacio disponible estaba junto a una joven que parecía cansada y triste. Sintió temor de entablar conversación con ella, pero resultó ser una conversación sumamente interesante y llena de vivencias y lucha por oportunidades. Sin imaginar que sería el instrumento para salvar una vida. En la charla, se entrelazaron historias donde la toma de decisiones fue crucial.

Gabriela, con tono suave, le dijo: "Buenos días joven. ¿Puedo sentarme a su lado?" La joven, con voz sollozante, respondió: "Sí, no hay problema, puede sentarse." Al escuchar el tono de voz de la joven. Gabriela se preocupó y continuó hablándole: "Perdone que le pregunte. ¿Se encuentra bien?"

La joven la miró con ojos vidriosos. como si hubiese estado llorando por mucho tiempo. Con lágrimas en los ojos le contestó: "He estado pasando por situaciones muy difíciles y en este momento no sé qué hacer. Espero el tren para buscar nuevos horizontes Quizás para escapar de todo lo que me rodea y volver a empezar."

Los cambios son parte de la vida – toma de decisiones en situaciones difíciles

Preocupada por la joven, Gabriela le preguntó: "¿Quieres hablar de tu situación? Tal vez te ayudaría un poco desahogarte. Mi nombre es Gabriela. ¿Cómo te llamas?" La joven, un poco temerosa, le contestó: "Me llamo Nadia." Gabriela, con tono suave y cariñoso, continuó la conversación: "Nadia es un nombre muy especial. Significa esperanza y llamada por Dios. Tu nombre refleja lo que quieres hacer en tu vida, mantener la esperanza."

Nadia comenzó a desahogarse con Gabriela: "Perdone Gabriela, pero lo menos que he tenido en mi vida hasta ahora es esperanza. Mi familia es muy pobre y no tenemos los recursos para salir adelante. Mi vecindario es un lugar de alta criminalidad donde hay que sobrevivir entre droga y disparos. La escuela está llena de acoso a los que quieren estudiar y les hacen la vida imposible. En ocasiones logrando que jóvenes inteligentes se quiten la vida.

Muchas familias son disfuncionales con padres alcohólicos y madres sumisas que no se atreven alzar la voz por miedo al maltrato o a perder sus vidas. He tenido que lidiar con muchas de estas situaciones y mi corazón está cansado de luchar. Vine a la estación con lo poco que he podido ahorrar para buscar un nuevo comienzo. No tengo un destino, sólo compré el boleto a la estación que me permitió el dinero que tenía. Quizás con la esperanza de poder comenzar en un lugar mejor."

Gabriela estaba impactada con la situación de la joven. Mientras la escuchaba, recordó varias historias que podrían ayudarla a encontrar la esperanza. Con voz dulce y tratando de consolarla, Gabriela comenzó a hablarle de historias inspiradoras para cada una de las situaciones que ella ha tenido que enfrentar: "Nadia, en la vida atravesamos situaciones difíciles que nos enseñan a ser fuertes y seguir adelante. Hay momentos en los que creemos que todo se ha acabado y que no hay un futuro que alcanzar.

Otras veces, estas situaciones nos proporcionan las herramientas necesarias para continuar. En ese camino, crecemos y desarrollamos un carácter que nos ayuda a seguir adelante. Interiorizamos principios que nos ayudan a discernir entre lo correcto y lo incorrecto. Sobre todo, lo que nos hace sentir bien y lo que queremos lograr en nuestro futuro.

Al escucharte hablar, pienso en compartir algunas historias que conozco, cuya fuerza y determinación frente a situaciones adversas, similares a las que has descrito, ayudaron a los protagonistas a reconocer oportunidades que les permitieron alcanzar el éxito en sus vidas. No son relatos fáciles de entender, pero a veces en la vida no entendemos por qué tenemos que vivir experiencias tan difíciles.

La primera historia que vas a conocer es de una mujer luchadora que pasó muchas vicisitudes en la vida. Tuvo que elegir entre estudiar o criar a sus sobrinos. Es una historia de decisiones y de dejar pasar oportunidades debido a las dificultades de la vida. Y cómo, casi al final de su vida, logró alcanzar sus metas. También te contaré la historia de su sobrino Enrique, a quien ella ayudó a criar y lo motivó a seguir adelante aprovechando las oportunidades que tuvo para alcanzar sus metas. Es la historia de Tití Panchita y su sobrino Enrique."

La historia de Tití Panchita y su sobrino Enrique

Tití Panchita era una mujer muy peculiar. Su pequeña estatura la hacía ver frágil, pero su carácter de guerrera se notaba en su expresión. Siempre tenía una sonrisa a flor de piel. No perdía la oportunidad de dar consejos cuando hablaba contigo. Sus experiencias en la vida le habían enseñado muchas herramientas para seguir adelante. Lo más importante, nunca rendirse y seguir luchando.

Tití Panchita era la menor de cinco hermanos que se criaron en el campo. Quedó huérfana a muy temprana edad, su hermana mayor se la llevó como sirvienta para que la ayudara a criar a sus hijos. Siendo el mayor de ellos solamente dos años menor que ella. Su hermana, viuda y costurera, pasaba semanas en las casas de personas pudientes cosiéndoles ropa para poder tener los recursos económicos que la ayudaran a criar a sus siete hijos.

Ella comenzó la escuela elemental, pero la situación tan extrema de pobreza en la que vivían hizo que tuviera que abandonarla. Sin embargo, nunca permitió que sus sobrinos faltaran a pesar de lo difícil que representaba la distancia que tenían que caminar para llegar.

Su sobrino Enrique aprendió a hacer carbón vegetal para venderlo y así poder ayudar a su mamá viuda con niños pequeños, y a su tití Panchita, desde los cinco años. Él era el mayor de siete hermanos y sentía la responsabilidad de ser el hombre de la casa a una edad tan temprana. Trabajaba arduamente para contribuir al sostén de su familia.

Tití Panchita siempre lo estimuló a que siguiera adelante. En el campo, la educación solo llegaba hasta sexto grado. Si querían seguir estudiando, tenían que mudarse a otro pueblo. Enrique decidió mudarse con unos familiares donde podía seguir estudiando y tener mejores oportunidades para su futuro.

Con el tiempo, su hermana vendió la finca y se mudaron a la ciudad en busca de mejores oportunidades para ella y sus hijos. Enrique pudo regresar con su familia y continuar la escuela secundaria. Tití Panchita se casó con un hombre mucho mayor que ella y tuvo dos hijos varones que fueron su gran alegría.

Vivían en un residencial público, rodeados de pobreza y criminalidad. Ella subsistía vendiendo dulces que los niños y jóvenes del residencial venían a comprar. Su corazón puro ganó el cariño y la protección de todos.

A medida que sus hijos crecieron, se mudaron a Estados Unidos y ella con su esposo se quedaron solos. Su esposo sufrió una afección de salud mental que lo llevó a tener numerosos episodios de crisis severa que pusieron en peligro la vida de Tití Panchita. En varias ocasiones pensó que no lo sobreviviría.

Fueron los vecinos quienes la protegieron y salvaron la vida. Incluso tuvieron que albergarla varios días mientras se resolvía la situación. A sus 75 años, los hijos mayores del primer matrimonio de su esposo se tuvieron que hacer cargo de él y se vieron obligados a llevarlo fuera del país como única forma de preservar su vida.

Al quedarse sola, su sobrina la animó a que se matriculara en un curso de cocina para mantenerse entretenida.

Siempre había soñado con completar su educación y adquirir una profesión. Pero las circunstancias de la vida y todo lo que tuvo que pasar para poder sobrevivir se lo habían impedido.

Al comenzar los trámites, le exigieron el diploma de escuela secundaria que no poseía. Todos quedaron tan impresionados con ella que le brindaron la oportunidad de estudiar para obtener el diploma de escuela superior y concluir el curso de cocina a su avanzada edad.

Gabriela le dijo a Nadia al terminar la historia: "Esta es una lección de vida que nos enseña a nunca rendirnos, incluso en los momentos más difíciles que pensamos no hay solución. Tití Panchita dedicó su vida a ayudar a los demás. En situaciones de pobreza era extrema, supo ayudar a sus sobrinos y salir adelante.

Cuando se mudaron a la ciudad y atravesaron por momentos difíciles, vendió dulces para cubrir los gastos del hogar. Tuvo que separarse de su esposo debido a la enfermedad mental que desarrolló después de cincuenta años de matrimonio. En sus últimos años de vida, no se rindió ante los desafíos y completó la escuela secundaria, graduándose tras cursar un programa de cocina.

Tití Panchita fue un modelo y una fuente de admiración para sus compañeros de clase. También lo es para todos nosotros. Supo elegir las oportunidades de acuerdo con sus circunstancias de vida. Nunca abandonó sus sueños y aprovechó todas las oportunidades que tuvo a su alcance hasta el final de sus días."

Nadia escuchaba con atención la historia de Tití Panchita. Reflexionaba sobre su propia historia y las oportunidades que había tenido y no supo aprovechar. Con gran curiosidad, le preguntó a Gabriela: "¿Qué le pasó a Enrique?" Gabriela le contestó: "Esa es otra historia que merece conocerse." Y acto seguido comenzó a contarla.

La historia de Enrique

Enrique era un niño emprendedor que, a pesar de su situación de gran pobreza y los problemas familiares, supo salir adelante. Tenía el pelo marrón y ojos vivarachos. Su personalidad era única. Se ganaba el cariño de todos con su jovialidad y sus deseos de superación.

Era el mayor de siete hermanos. Su padre falleció cuando él tenía dos años y su hermana era bebé. Su madre se volvió a casar y tuvo cinco hijos más. A los cinco años, Enrique aprendió a preparar carbón vegetal para venderlo después de la escuela y así poder ayudar a su familia. Tití Panchita lo estimulaba y no le permitía faltar a la escuela. Al graduarse de sexto grado, se mudó con familiares a otro pueblo para poder seguir estudiando.

Regresó a casa de su mamá cuando ella se trasladó a la ciudad. Allí, en su cuarto año de escuela secundaria, la situación de pobreza era tal, que decidió enlistarse en el ejército para poder ayudar a su familia. Fue un momento difícil. Un día, de camino para la escuela, vio cómo estaban reclutando soldados para la guerra. Él pensó que era la mejor oportunidad para superarse y seguir adelante.

A pesar de no ser muy alto y estar bajo peso, convenció a los reclutadores que lo enlistaran y partió de inmediato al campamento para comenzar el servicio activo. No tuvo tiempo de avisar a su familia. En aquellos tiempos no había celulares ni servicio de teléfono para las personas de bajos recursos que no podían pagarlo.

Su mamá sufrió mucho pensando que había muerto. Él no regresó de la escuela el día que lo enlistaron y ella no tuvo noticias de él. Inmediatamente comenzó el entrenamiento básico en la base militar. Allí, se preparó para disparar morteros como artillero en situaciones de guerra. Regresó a casa meses después, vestido de militar, en su primer permiso tras regresar del entrenamiento básico. Fue entonces cuando pudo explicar toda su historia.

Durante los años que estuvo en servicio activo, estuvo en la guerra de Corea como parte del batallón del 65 de Infantería donde se destacó ascendió de rango rápidamente. Pudo apoyar a su familia aprovechando la oportunidad que le brindaba el ejército. Cuando finalizó el servicio activo después de diez años, completó sus estudios y logró destacarse en una profesión en la que fue exitoso.

Al terminar la historia Nadia le dice a Gabriela: "Es una historia impresionante. No imagino la angustia de la madre al pensar que su hijo mayor había fallecido. Sin embargo, Enrique supo aprovechar todas las oportunidades que se le presentaron en la vida para alcanzar su éxito.

Desde niño, no se rindió y trabajó arduamente para ayudar a su familia. A medida que crecía, aceptó el desafío de mudarse con familiares para continuar estudiando. Lo más impactante fue su decisión de unirse al ejército sin poder avisar a su familia. Pero si no lo hubiese hecho de esa manera, habría perdido la oportunidad. Y gracias a esa oportunidad, pudo terminar sus estudios y convertirse en un profesional exitoso."

Gabriela continúa hablándole a Nadia: "Tienes toda la razón. La tercera historia es la de una persona muy especial que dedicó toda su vida a ayudar a los demás hasta el final de sus días. Su nombre era Gabina, que significa fuerza de Dios.

Necesitó mucha fuerza Divina para poder superar todas las pruebas que tuvo que enfrentar en su vida. La cuarta es la historia de su hija Rosa. Son dos relatos de superación ante situaciones de extrema pobreza que quiero compartir contigo. Sus historias pueden servirte de ejemplo y motivación para que sigas adelante.

Gabina, al igual que Tití Panchita, tuvo que dejar a su mamá para ayudar a criar los hijos de su hermano mayor. No volvió a ver a su familia ni pudo estudiar. Enviudó y se quedó sola con sus dos hijos. Perdió a su hijo en la guerra y tuvo que criar completamente sola a una niña pequeña. Luchó hasta convertirla en una profesional.

Vendió su casa para comprar una más y así poder costearle la sortija de graduación de universidad. Es una historia de superación y elección de oportunidades para sobrevivir. La segunda es de su hija y cómo supo aprovechar las oportunidades que tuvo para lograr el éxito en su vida." Nadia le pide por favor que le cuente las historias.

Historia de Gabina y su hija Rosa

Gabina era la cuarta de cinco hermanos. Vivía en el campo en un lugar sumamente pobre. Sus hermanos eran mucho mayores que ella. Uno era ingeniero azucarero y viajaba por toda la isla durante la época de zafra con su familia. Otro trabajaba en las zafras y dependía de que lo llamaran cuando era época de cosecha de azúcar. El tercero trabajaba en la construcción de una muralla en el desarrollo de un lago artificial y murió por una caída desde la parte superior del dique.

Su mamá estaba muy enferma, tenía cáncer en el estómago. En muchas ocasiones no tenían recursos ni siquiera para comprar alimentos. La situación era tan difícil que nunca pudo ir a la escuela. Ella se encargaba de cuidar a su mamá y a su hermana, que era solamente dos años menor que ella.

En una visita de su hermano mayor, le pidió que se fuera a vivir con él para que lo ayudara a criar a sus hijos. Tenía el problema de que su esposa se había vuelto fanática de los centros espiritistas y no se ocupaba de los niños. La situación de pobreza era tan fuerte que ella tomó la decisión de acceder a su petición con la condición de que se llevara a su hermana menor para criarla y llevarla a ver a su mamá enferma regularmente.

Él accedió a la petición de su hermana. Se mudaron con él, a un lugar distante de la isla. Pero nunca volvió a ver a su mamá. Su hermano no cumplió con la segunda parte de las condiciones de Gabina. Su mamá murió y ella no pudo volver a verla para despedirse.

Con el pasar del tiempo se casó. Tuvo seis embarazos, pero sólo lograron sobrevivir el mayor y la menor. Su esposo murió de tuberculosis dejándola sola con dos hijos. El hijo mayor, ante la situación tan terrible de pobreza que vivían, se enlistó en el ejército y murió en la guerra a lo dieciocho años. Ella quedó sola con su hija de ocho años sin ningún tipo de recursos para sobrevivir.

Gabina crió a su hija sola en la mayor pobreza durante la época de la recesión. Logró que su hija fuera a la escuela y se convirtiera en una profesional. Un vecino la llevaba a la universidad en otro pueblo de la isla los domingos y la recogía los viernes.

No pudo ir a la graduación de universidad de su hija por lo pobre que era. Vendió su casa para comprar una más económica y poder pagar la sortija de graduación. Su hija, Rosa, se enteró cuando regresó de la universidad que la llevaron a otra dirección. Ella hizo la universidad en tres años para poder terminar una carrera. Se hizo maestra y su historia también es digna de compartirla.

Los cambios son parte de la vida – toma de decisiones en situaciones difíciles

Cuando su hija se casó y tuvo su primer bebé, se dedicó en cuerpo y alma a cuidarla. Siempre dejó de ser ella para cuidar y ayudar a los demás, incluso en su lecho de muerte, su mayor preocupación era que su hija y nietos estuvieran bien.

Gabriela al terminar la historia le dice a Nadia: "La historia de Gabina nos enseña varias lecciones de vida ante situaciones difíciles. Tomó la decisión de ayudar a su hermano a criar a sus sobrinos. Pensó que podría ayudar a su mamá quitándole la preocupación de tener que mantener a sus hijas. Ella también tenía que buscar recursos económicos, que no tenían, para poder tratar su enfermedad.

Gabina aprovechó la oportunidad de seguir adelante, aunque el resultado le ocasionara el dolor de perder su madre y no poder volverla a ver. Se casó y tuvo que vivir momentos muy difíciles como la enfermedad de su esposo, la muerte de su único hijo varón y sostén del hogar al faltar su papá. Aún ante tanta adversidad, supo luchar como la gran guerrera que era para seguir adelante y aprovechar las oportunidades que le permitieron alcanzar el éxito para sobrevivir."

Nadia quedó impactada con la historia. Volvió a tener curiosidad y le preguntó qué pasó con la hija de Gabina. Le pidió que por favor le contara su historia. Gabriela procedió a contarle la historia de Rosa.

La Historia de Rosa.

Rosa nació en casa sin la ayuda de una comadrona. Su papá salió a buscar ayuda al momento del parto, pero no llegó a tiempo. Su vida estuvo llena de dificultades. Sobrevivió a una enfermedad terminal al nacer por estar expuesta al calor de los fogones de la cocina donde trabajaba su mamá. Vivió en la pobreza extrema.

A los ocho años murió su papá de tuberculosis. A los diez años murió su hermano mayor en la guerra. Su mamá, Gabina, tuvo que criarla sola y sin recursos durante la época de la Gran Depresión.

Se destacó en la universidad, graduándose con honores. Quería estudiar medicina, pero no pudo ser médico porque su mamá no tenía los recursos económicos para poder ayudarla a seguir estudiando. Logró estudiar en la universidad trabajando cuarenta horas semanales para ganar veinte dólares mensuales y poder pagar su hospedaje y las comidas durante la semana. Viajaba a su ciudad natal durante los fines de semana en el carro público de un vecino que no le cobraba, al conocer la necesidad económica de la familia.

Hizo su carrera de maestra en tres años a lo crítico de su situación. El año de su graduación le pidió a su mamá que le gustaría tener su sortija de graduación, sin sospechar el sacrificio que haría por ella. Estudió pedagogía y regresó a su pueblo natal para ser maestra. A través de su carrera ayudó a muchos estudiantes a lograr sus sueños como ella.

Trabajó como maestra durante veinticinco años. Tenía fama de ser la más estricta de las maestras de escuela secundaria. Sin embargo, supo ayudar a salvar las vidas de muchos de sus estudiantes. Quien pasaba por sus manos tenía éxito en el futuro.

En una ocasión, durante un viaje de vacaciones a Costa Rica, tuvo un encuentro con un estudiante al que había ayudado. Su nombre era Rafael, que significa "Dios cura". Se había mudado a este país por su trabajo. Rosa se comunicó con él para saludarlo. Él la invitó a su casa a una cena para que conociera a su familia y la buscó en el hotel donde se estaba quedando.

En la casa, Rafael les presentó a su maestra: "Hola a todos. Les quiero presentar a mi maestra de escuela secundaria, Rosa. Quería que viniera a mi casa para que la conocieran y hacerle un pequeño homenaje de agradecimiento por todo lo que hizo por mí cuando fui su estudiante. Les tengo que decir que ella me salvó la vida sacándome de las calles y el mal camino para hacer de mí lo que soy hoy. Si ustedes me tienen a mí y podemos vivir aquí, se lo debo todo gracias a ella."

Le contó a su familia cómo a muchos estudiantes los logró sacar de malos pasos a través de su consejos y buenas acciones. Les ayudó a reconocer y aprovechar las oportunidades que tenían para que pudieran seguir adelante como ella lo logró. Él la bautizó como la maestra que salvaba vidas. Luego recordó la historia de dos compañeros de clases que compartió con ellos.

Rafael continuó hablando: "Uno de los jóvenes tenía una situación familiar que lo afectaba mucho. Sus padres estaban divorciados. Vivía con su mamá alcohólica y tenía problemas económicos muy serios. Estaban a punto de perder su casa. Pensó en quitarse la vida.

La maestra notó los cambios en el comportamiento del estudiante. Logró acercarse a él y le consiguió la ayuda psicológica necesaria para sacarlo de la crisis y que aceptara seguir estudiando. Hoy día es todo un profesional.

El segundo fue un caso de otra situación familiar muy difícil. El estudiante llegaba con moretones en diferentes partes del cuerpo todos los días. Su padre tenía problemas de alcoholismo y maltrataba a su esposa e hijos. Su madre se mantenía sumisa aceptando el maltrato. Lamentablemente ella nunca había ido a la escuela y no tenía ingresos económicos que le permitieran moverse del hogar para tratar de resolver y salvar la situación.

Los cambios son parte de la vida – toma de decisiones en situaciones difíciles

Recuerdo que todos estábamos preocupados en el salón por él. La maestra, en una forma muy sutil, logró conseguir su confianza y que pudiera expresarle su situación. Ante lo peligroso de los eventos que estaban ocurriendo en su hogar, nuestro compañero tuvo que escoger entre varias opciones para salvar su vida y la de su familia.

La primera que le ofrecieron fue mudarlo a un hogar sustituto con sus hermanos. Opción que no quiso aceptar por no dejar sola a su mamá. La segunda era convencer a su mamá que junto a sus hijos se movieran a un lugar de protección para mujeres maltratadas. Esa era la más difícil por tener que convencer a su mamá. Sin embargo, era la única opción en la que podían salir todos del ambiente de maltrato tan violento que vivían a diario.

La maestra no descansó hasta que pudo salvar a nuestro compañero y su familia. Su historia marca un final de una vida de maltrato y el principio en la búsqueda de ayuda. Fueron momentos muy difíciles donde no sabían qué podían hacer para resolver la situación.

En esa búsqueda, tuvo la oportunidad de escoger entre varias opciones para enfrentar el peligro y seguir hacia adelante. Hoy día es un profesional que ayuda a mujeres maltratadas a salir del ciclo de violencia como lo ayudaron a él y a su mamá."

Ese homenaje de su exalumno fue un encuentro que siempre guardará en su corazón.

Luego de veinticinco años de maestra, tuvo la oportunidad de hacer la maestría y convertirse en la directora de una escuela intermedia de estudiantes desventajados y de bajos recursos económicos. Logró que reconocieran la escuela como una modelo a nivel nacional en momentos donde no creían que estudiantes de bajos recursos pudieran superarse. También fue instrumento de cambio en muchos estudiantes que pasaron por sus manos. Quería que pudieran reconocer y aprovechar las oportunidades que se les presentaran para lograr su éxito.

En una ocasión, la escuela tuvo como estudiante al hijo de un grupo muy conocido y temido por ser parte de una pandilla criminal. Una mañana intentó dañar los portones de la escuela por diversión, utilizando un cuarto de dinamita al que llamaban "chirivón", con la intención de evitar la entrada. Hubo que llamar a la policía e informar del incidente. Al descubrir quién fue el responsable, la recomendación fue que no se le acusara debido al historial delictivo de la familia.

A pesar de todas las recomendaciones, se procedió con la denuncia y se llevó a cabo el proceso legal. Se tuvo que proporcionar protección al temor a posibles represalias por parte de la familia. Contrario a lo esperado, el joven mejoró su conducta y aprovechó la oportunidad. Optó por el camino correcto y continuó sus estudios hasta finalizarlos.

Lamentablemente, esta historia no tuvo el desenlace esperado. Las influencias de amigos y familiares en el mundo del crimen lo llevaron por otro camino. No supo aprovechar las oportunidades que se le presentaron en el futuro, dejó pasar el tren y llegó al último vagón.

Al terminar la historia, Gabriela le dijo a Nadia: "Rosa dedicó la vida a sus dos hijos y a su mamá Gabina hasta que falleció. Su vida es un ejemplo de lucha, superación y esfuerzo constante por mantener a su familia, ayudar a la comunidad y a sus estudiantes. Supo reconocer y aprovechar todas las oportunidades que se le presentaron. Logró alcanzar el éxito, todo a su tiempo. Su vida es un ejemplo que seguir y una historia con un propósito para recordar."

Gabriela continuó hablando: "Al principio de nuestra conversación me mencionaste varias situaciones difíciles que has vivido. Te he dado ejemplos de historias de superación en situaciones de pobreza extrema, así como de familias disfuncionales con padres alcohólicos y madres sumisas que no se atreven alzar la voz por miedo al maltrato o a perder sus vidas. También he compartido historias de jóvenes que han sabido aprovechar las herramientas que les han brindado para poder lidiar con las situaciones y salir adelante.

El acoso escolar o "bullying", como todos lo conocen, fue una de las situaciones que mencionaste al principio de nuestra conversación. El bullying es una situación de la que no debemos olvidarnos. Debemos ocupar nuestros esfuerzos en reconocerla, proporcionar herramientas y ofrecer oportunidades a aquellos que son víctimas de otros.

No es gracioso que se burlen de ti por tu físico, tu forma de hablar, tu carácter, tu inteligencia o quizás hasta tu forma de vestir. Las víctimas se encierran en sí mismas para evitar que les hagan daño. Si no tienen una autoestima fuerte, puede costarle la vida.

Conozco tres historias que te brindarán herramientas para poder manejar las situaciones de bullying. En algunas de ellas, la falta de autoestima agravó la situación de acoso. En otra, la falta de comunicación y el temor a preocupar a los mayores terminó en una tragedia.

En la tercera, se describe una situación donde si logras trabajar con la autoestima del acosador y estimular que utilice sus talentos, podrás minimizar el acoso hacia los compañeros permitiendo que aprendan a luchar por su futuro en vez de molestar o agredir a los demás. Este es el caso de la tercera historia que te voy a compartir."

Tres historias de acoso "bullying" y sus consecuencias

Jorge era un joven muy talentoso en todo lo que se dedicaba. Al año de nacido, ya sacaba música de un piano de juguete. A los tres años, pidió un violín como regalo de Navidad a su mamá. A los cuatro años, cantaba música típica de su país con su vozarrón. Su maestro de música típica decía que iba a llegar lejos. Jorge se sentía muy feliz al cantar esa música y solía decir con orgullo, "Soy un Trovador".

Su primera presentación en público fue en la escuela. La pista con la música de la canción que iba a cantar no se escuchó y tuvo que cantar sin música. Todos le aplaudieron, excepto uno de sus mejores amigos. Al terminar la presentación, se acercó a Jorge y le dijo que no debería haber cantado en público porque cantaba mal. Ese fue un golpe duro para Jorge e hizo que no quisiera volver a cantar. Todos se sintieron mal porque sabían del talento increíble que tenía el joven.

Esa situación afectó su autoestima. Lo molestaban por ser más alto que los demás del salón, por tener sobrepeso en comparación con los demás niños y por ser un poco introvertido. A veces, pasaba mucho tiempo sin prestar atención en clase y se perdía las lecciones.

No le diagnosticaron déficit de atención hasta escuela secundaria, porque no mostraba hiperactividad. El tipo de déficit de atención que tenía era inatento, lo cual no es muy común ni fácil de diagnosticar. Varios compañeros que se burlaban de él y la situación empeoraba cada vez más. Hubo ocasiones en las que llegó a decir que quería morir.

Su mamá lo mantuvo en la música para trabajar en su condición y también en deportes para desarrollar sus habilidades motoras. A pesar de su talento musical, el deporte se apoderó de su interés y dejó a un lado una de sus grandes habilidades. Empezó a destacarse en dos deportes que le apasionaban. Ambos entrenadores querían que abandonara el otro deporte. Su mamá les dijo que mientras ella pudiera y él tuviera el interés, practicaría ambos deportes.

En uno de los deportes, empezó a destacarse a nivel individual y ganó medallas para su país a nivel internacional. Sin embargo, en el otro deporte, un ataque de asma causó que los medicamentos le hicieran aumentar de peso y lo relegaron de ser parte del equipo titular a ser un jugador sustituto. A su corta edad, tuvo que tomar una decisión muy difícil en su vida. A pesar de su pasión por el deporte, le dijo a su mamá que solo continuaría practicando el deporte en el que se destacaba individualmente y no dependía de un equipo para poder jugar.

Los cambios son parte de la vida – toma de decisiones en situaciones difíciles

Representó a su país por varios años hasta que en las prácticas comenzaron los episodios de bullying. En un momento de coraje, decidió abandonar su pasión por el deporte antes de a una representación internacional. Ante todas las situaciones que estaba viviendo, su mamá buscó ayuda con varios psicólogos, pero él no quería a ninguno. Su mamá no se rindió. Sabía que necesitaba conseguir que aceptara ayuda para seguir adelante. Pero se encerró en sí mismo y se hacía cada vez más difícil lograr que saliera de su caparazón.

Finalmente, su mamá logró llevarlo a unos talleres de liderazgo y autoestima que cambiaron su vida. Bajo considerablemente de peso, comenzó su tratamiento para el déficit de atención y sus notas mejoraron impresionantemente. Hoy día, ha logrado luchar por sus metas. Ha aprendido a reconocer las oportunidades que se le han presentado, aunque haya dejado pasar algunas por falta de madurez. La vida seguirá enseñándole el rumbo que debe seguir. Aprenderá en el camino las consecuencias de las decisiones tomadas y de las oportunidades que dejó pasar.

Gabriela le dice a Nadia: "En esta historia, la mamá de Jorge fue pieza clave para lograr sacarlo del abismo que se encontraba debido al acoso escolar que recibía de sus compañeros de clase y en el deporte. Ella estuvo atenta en todo momento para buscarle la ayuda necesaria, muchas veces en contra de su voluntad.

La tarea no fue fácil. Sin embargo, fue determinante para salvarle la vida. En el camino, Jorge supo reconocer lo importante que era como ser humano. Logró superar sus inseguridades y seguir adelante. La segunda historia no es tan alentadora. Se trató de un primo de Jorge de trece años, Jan. En su casa nunca demostró síntomas de depresión ni de estar pasando problemas en la escuela."

La Historia de Jan

Jan era un joven alegre, aunque un poco introvertido. Para sus padres, era un niño feliz sin problemas ni preocupaciones, con un comportamiento ejemplar en su casa. Tenía buenas notas en la escuela y se destacaba entre sus compañeros.

Una mañana, su mamá fue al cuarto de Jan para despertarlo y que se preparara para ir a la escuela. Se encontró la terrible escena de su hijo muerto. Se había suicidado en la noche. El dolor y la desesperación de sus padres no tenían consuelo. Era su hijo mayor y no entendían qué había pasado. Jan era un niño ejemplar.

Los cambios son parte de la vida – toma de decisiones en situaciones difíciles

La ley de vida es que los hijos entierren a sus padres. El dolor de perder a un hijo no tiene descripción. Es un dolor que permanecerá toda la vida. En la escuela les indicaron a sus padres que Jan estaba teniendo situaciones con algunos estudiantes, pero no le prestaron importancia porque él no les dijo nada. Nunca sospecharon que la situación fuera tan grave como para llevar a un joven ejemplar a quitarse la vida.

Nadia le dice a Gabriela: "Esta historia nos enseña lo importante que es la comunicación con los padres y los maestros. Si Jan hubiese sido sincero y les hubiese contado por lo que estaba pasando, la historia hubiese sido diferente. Sus padres hubiesen tenido conocimiento de la situación, habrían buscado ayuda emocional y habrían hablado con sus maestros. Se hubiese podido trabajar en equipo para encontrar una solución que no fuera su muerte. Yo también sufrí acoso escolar, pero no busqué ayuda. Mi inseguridad y falta de autoestima son secuelas de las situaciones que tuve que vivir."

Gabriela le responde a Nadia: "Jan tuvo la oportunidad de buscar ayuda. Sin embargo, se encerró en su dolor. No confió en sus padres ni en sus maestros en la escuela. Tuvo la oportunidad de salir adelante. Por el contrario, dejó pasar todas las estaciones de su vida y escogió llegar a la última estación del tren al perder la esperanza."

Nadia le pregunta a Gabriela: "¿Cuál es la tercera historia?"

Gabriela le contesta: "La tercera historia es de un grupo de jóvenes que les gustaba molestar y acosar a los demás. Procedían de un área de escasos recursos donde la droga y la criminalidad campeaban por su respeto. Estaban fracasados en la escuela. Si no se tomaba acción pronto, serían desertores escolares. Quizás, hasta criminales. Tenían que tomar cursos remediativos de verano para pasar de grado.

Una de las maestras ese verano era muy joven, tenía veintiún años. Era su primera experiencia dando clases a jóvenes no universitarios. Les iba enseñar matemáticas. Al ser no solo la más joven sino la más reciente en el plantel escolar, su salón hogar fue con los quince varones más problemáticos de la escuela. Eran considerados como los futuros desertores escolares."

La historia de los acosadores escolares

El día era caluroso, como todos los veranos del trópico. Un poco más caluroso que los demás debido a los nervios de la maestra, quien esperaba con ansias sus estudiantes de salón hogar. Era el primer día de clases de verano y su primera experiencia con jóvenes no universitarios. Iba a enseñar matemáticas a estudiantes que habían fracasado en la materia durante el año escolar.

Para su sorpresa, entraron quince varones al salón. Todos con actitudes agresivas y mirándola con sorpresa al verla tan joven. Inmediatamente empezaron a burlarse de ella con comentarios poco agradables sobre su edad. Le costó un poco de tiempo tomar el control del grupo. No era fácil trabajar con quince varones en esa actitud. Logró darse a respetar manteniendo el control del grupo y comenzando la clase.

Fue un verano de mucho aprendizaje para la maestra y para sus estudiantes. Ella los entusiasmó a estudiar matemática utilizando juegos educativos que los retaran a estudiar. Había momentos en que no querían cambiar de salón para seguir estudiando con su maestra.

Ella no entendía porque sus estudiantes eran problemáticos y rezagados en las materias. Quizás los maestros estaban cansados de intentar cambiarlos o no tenían suficientes herramientas para llegar a todos los que presentaban problemas.

El desarrollo de sus estudiantes la estimuló a enseñarles que en la vida hay un mundo de oportunidades si se esforzaban y las aprovechaban. Les dio herramientas para escoger entre seguir adelante o simplemente perder la vida si sucumbían a las drogas y a la criminalidad que rodeaba sus comunidades. Les dejó con consejeros que pudieran continuar ayudándolos a seguir adelante. Esa debía ser su elección y no un vagón perdido.

Gabriela en ese momento le dice a Nadia: "En esta historia, luego de que la maestra se ganara el respeto por parecerles demasiado joven, los estudiantes se entusiasmaron y lograron superar su rezago. Los jóvenes aprendieron las lecciones de su joven maestra y muchos aprovecharon las oportunidades que se les presentaron. En ocasiones cruzaban la ciudad en bicicleta para visitarla. Ella los regañaba porque iban sin permiso de sus padres.

Ellos optaron por estudiar y luchar por sus metas en lugar de seguir los pasos de los compañeros que estaban en los puntos de drogas, muchos de los cuales murieron en el camino. Hoy en día, todos son profesionales que lograron escapar de ese ambiente hostil y peligroso. Escogieron una nueva ruta del tren y siguieron adelante."

Gabriela continúa hablándole a Nadia: "La última historia que voy a contarte es una muy cercana a mí. Porque no en todos los ambientes permea la criminalidad ni son tan difíciles de sobrellevar. En muchas ocasiones hay víctimas inocentes que sufren las consecuencias de ella sin tener nada que ver con los horrores a los que se pueden enfrentar todo aquel que vive en esos lugares.

Los jóvenes que no se han criado en estos ambientes siempre piensan que nada malo le va a pasar. Comparten y se divierten sin pensar que en algún momento el destino puede jugarles una mala pasada y la criminalidad llegar a ellos con consecuencias nefastas. Te voy a contar la historia de Juan. Una historia que nos da lecciones de vida a todos."

La historia de Juan

Juan era el menor de dos hermanos. Su alegría era contagiosa. Le gustaba socializar con todo el mundo. Por su especial carácter, era querido por todos. Era un chico muy brillante. Tenía una mente fotográfica envidiable. Molestaba mucho a su hermana mayor porque ella tenía que estudiar mucho para salir bien en las clases. Él solamente miraba la libreta y sacaba perfecto en los exámenes. Terminó su escuela secundaria a los 16 años con altos honores.

En su grupo era el buenazo, el que aconsejaba a todos. Pero también el que quería que lo consideraran parte del grupo por ser el menor y al que no le daban permiso para salir en ocasiones por su edad. Terminó de estudiar el bachillerato y el día antes de empezar su escuela de odontología salió con todo su grupo de escuela secundaria y sus respectivas novias a diferentes actividades para celebrar el último día de vacaciones antes de volver a la universidad. Vivió una terrible experiencia que sirvió de ejemplo a todos sus amigos.

Era el último fin de semana de vacaciones. Todos estaban ansiosos por regresar a estudiar. Era el comienzo de una nueva aventura. Unos iban a la escuela de medicina, otros a la de derecho y Juan a odontología. Su hermana Mariana se había quedado en el hospedaje donde vivía en otro pueblo. Estaba estudiando la maestría y tenía mucho trabajo de la universidad.

Ese viernes, mientras Mariana dormía, tuvo una horrible pesadilla. Soñó que una pantera negra entraba a su hospedaje, se metía debajo de la sabana de su cama y se comía a su compañera de cuarto, perdiendo la vida. En el sueño, ella le recriminaba a la pantera lo que había hecho. Le decía desesperadamente que esa era su cama y que a la tenía que matar era a ella. no a su compañera.

La pantera la miró fijamente con ojos brillantes como si despidieran fuego y le dijo: "aún no te ha llegado la hora." Mariana despertó muy asustada. Presentía que algo terrible iba a pasar. En la mañana muy temprano se comunicó con su familia. Juan estaba en casa y le contestó muy contento al escucharla. Estuvieron mucho rato hablando sobre todos sus planes y lo que esperaban les deparara el futuro. No tenían idea de las experiencias que iban a vivir.

En la noche, luego de despedirse de su abuela materna para dormir, Juan le pidió a su mamá que le prestara el carro. Así podría encontrarse con sus compañeros de la escuela secundaria en alguna de las actividades a las que iban a asistir.

Todos habían salido a celebrar el último día de vacaciones antes de regresar a la universidad. Como el grupo era grande, dejó el carro cerca de su casa y siguió con uno de sus amigos. Quedaron en encontrarse en un lugar donde había música en vivo para despedirse e irse a sus casas a descansar.

Juan estaba en el asiento del pasajero del carro. Al llegar, encontraron el negocio cerrado por haber llegado al límite de capacidad. Juan se bajó del carro, se acercó a la puerta de entrada del negocio y saludó a sus compañeros desde el cristal, despidiéndose para regresar al carro y volver a sus casas.

Dentro del negocio, una pareja comenzó a pelear porque Juan les había faltado el respeto y querían que les abriera la puerta para saldar cuentas. Ellos estaban con sus hijos y respectivas parejas. Luego se supo que era la forma en que operaban para robar.

Los compañeros de Juan, al ver la situación, dijeron que si abrían las puertas tenían que salir todos para protegerlo. Todo fue muy rápido. Uno de los hombres comenzó a golpear el cristal del pasajero del carro donde estaba Juan. Lo sacó del carro para pegarle y su compañero de cuarto en la universidad que había salido del negocio lo auxilió inmediatamente.

El novio de la hija de la pareja, al ver que habían contenido al papá de su novia, le disparó dos veces por la espalda a Juan. Cayó en los brazos de su amigo. Sus últimas palabras fueron: "amigo, me mataron". El hombre asustado lo apuntó para dispararle a él también. En ese momento, mirando fijamente al asesino le dijo: "¿Qué quieres hacer, ¿una masacre? Ya mataste a uno, ¿quieres seguir?" El hombre que parecía endrogado reaccionó y se fue corriendo del lugar.

Juan estuvo una hora en el piso sin atención porque todos creían estaba muerto mientras la policía escuchaba las declaraciones de los testigos presentes. De momento, escucharon un quejido y lo llevaron de inmediato al hospital donde falleció.

Las balas habían destrozado todos sus órganos internos. No había forma de controlar la hemorragia. Su madre llegó al hospital con la esperanza de verlo vivo. Su hermana tuvo que reconocer el cadáver en medicina forense. Momentos impactantes y jamás imaginables para ambas. Tenía veintitrés años cuando murió.

En el funeral de Juan estuvieron todos sus amigos y compañeros de toda una vida. Cada uno recriminaba la situación. Unos decían: "¿Por qué Juan? Él era el bueno del grupo. El que nos aconsejaba. Siempre decía que nada le iba a pasar porque no tenía ni buscaba problemas con nadie. Que los que debíamos tener cuidado éramos nosotros por estar siempre discutiendo con todos y buscando peleas."

Mariana, la hermana de Juan, se acercó a todos y les dijo: "La muerte de Juan no puede ser en vano. Siempre fue un ejemplo a seguir. Aunque era el menor del grupo, sus consejos no deben quedar en el olvido. La criminalidad nos afecta a todos. No importa que nuestras familias o nuestro vecindario sean tranquilos. Tenemos que aprender que las oportunidades no se repiten. Juan tuvo la oportunidad de quedarse en casa y salir luego con ustedes. Escogió salir y encontró la muerte.

Ustedes siempre están saliendo a lugares que pueden ser peligrosos y en muchas ocasiones terminando en peleas sin sentido por la falta de la tolerancia de muchos. Juan ya no está con nosotros. Pero sus consejos no deben quedar en el olvido. Tienen que aprender a escoger sus batallas. Tienen que pensar en el futuro. Tienen que reconocer y aprovechar las oportunidades que se les presenten. No pueden seguir viviendo una vida loca, dejando pasar el tiempo, dejando pasar el tren. Juan ya no puede cumplir sus sueños. Que su vida y su muerte sea un ejemplo para que ustedes sí los puedan lograr."

Pasaron los años y nunca olvidaron las lecciones aprendidas con la tragedia de Juan. De la forma más terrible, aprendieron que la vida no era un juego. Su muerte fue ejemplo para sus amigos que vivían una vida loca.

Les enseñó que todos los días tenían que apreciar y dar gracias por las oportunidades que habían tenido y las que les faltaba por vivir. Comenzaron a apreciar la vida y a pensar en el futuro. Con el ejemplo de su amigo, lograron alcanzar sus metas y convertirse en profesionales de bien.

Gabriela de dice a Nadia: "A veces la vida nos da lecciones de las formas más fuertes y difíciles para que no olvidemos el mensaje e internalicemos lo aprendido. Como puedes ver a través de todas las historias, hay muchas situaciones donde tenemos que buscar ayuda para lograr salir adelante.

En otras, tenemos que aprender a reconocer y escoger las oportunidades que se nos presentan para triunfar ante situaciones difíciles como familias disfuncionales, maltrato, alcoholismo, acoso y deserción escolar, droga o alta criminalidad. Sin menospreciar cuando la criminalidad también toca a personas inocentes ensenándonos lecciones que no podremos olvidar. Has tenido que luchar contra muchas de estas situaciones. Pero tienes que pensar que siempre hay esperanza y oportunidades que escoger."

Nadia quedó muy impresionada con todas las historias que había escuchado de Gabriela. Su corazón herido sintió un poco de alivio en el dolor. Pensó en la posibilidad de que podía haber un nuevo futuro alejado de todo lo que había vivido con mejores oportunidades que la ayudaran a seguir adelante y alcanzar sus metas. Pensó que todavía podía tener esperanza.

En esos momentos Nadia le dijo a Gabriela: "Me identifiqué con muchos de los personajes de las historias que me has contado. Dentro de mi desesperación y desasosiego he dejado pasar muchas oportunidades que he tenido para alcanzar mis metas, sólo por el miedo de no poder hacerlo. Mi inseguridad y falta de autoestima no me han permitido avanzar. He sido muy negativa en mis decisiones. Siempre pensando en la eterna frase "no puedo, eso no pasará".

Nuestra conversación me ha dado esperanza. A veces pienso que las cosas no pasan por casualidad. Todo tiene un propósito. Y el tuyo hoy fue salvarme la vida. Te prometo cambiar mi manera tan negativa de pensar y lucharé por aprovechar las oportunidades que se me presenten y me ofrezca la vida. En el día de hoy, voy a escoger una nueva ruta en el tren."

En ese momento se escucha a lo lejos el silbido del tren que estaba por llegar a la estación. En esta ocasión el silbido era suave y profundo. Respiraba entre silbidos un aire de paz. Quizás era la paz que necesitaba Nadia para seguir adelante. Su sonido podría ser el presagio de nuevas oportunidades que la llenen de esperanza en un futuro lleno de éxito. Era el momento de partir.

CAPITULO IV

El latido del éxito — lecciones de vida que sirven de experiencia para alcanzar nuevas metas

"Toda persona debe decidir una vez en su vida si se lanza a triunfar, arriesgándolo todo, o si se sienta a ver el paso de los triunfadores"
Thomas Alva Edison

En el camino a la nueva estación se podían observar áreas de gran extensión de terrenos con siembras de frutos hermosas. Había mucha variedad en cada una de las fincas. Todas con excelentes cosechas. Quizás se parezca a la vida. Sembramos lo que cosechamos si aprendemos a apreciar lo hermoso de cada etapa, sus enseñanzas y las lecciones para el futuro. Aprendemos a escoger las oportunidades de acuerdo con el fruto que nos inspira.

Gabriela siguió reflexionando sobre la experiencia de la estación anterior. La historia de Nadia le recordó experiencias vividas y situaciones con las que tuvo que luchar y aprender a resolver, en muchas ocasiones de la manera más difícil. Tuvo muchos momentos de lucha y superación que le costaron perder grandes oportunidades. Sin embargo, supo seguir adelante. Aprendió a no rendirse, buscar alternativas que la ayudaran a alcanzar sus metas y a no perder la esperanza.

Al llegar a la próxima estación del tren, sintió gran placer al ver tantas flores adornándola. Radiaba mucha alegría todo lo que la rodeaba. Incluso, las personas pasaban con sonrisas en sus labios. Algo que no había visto en las estaciones anteriores. Encontró un banco vacío donde pudo sentarme a esperar la próxima salida del tren.

Corriendo llegó un joven que se dio cuenta de que había perdido por segunda vez su tren. Se notaba frustrado y molesto. No paraba de recriminarse por haber llegado tarde. Al ser una estación pequeña, su ruta solo pasaba una vez al día. Tenía que volver otra vez al día siguiente.

Le sorprendió, con lo responsable que se veía, que hubiese perdido su tren en dos ocasiones. Le pidió que se sentara a respirar y relajarse un rato cuando comenzamos a hablar. Una conversación amena e interesante donde ambos aprendimos de las historias compartidas y las experiencias vividas. Sin sospechar la forma en que lo ayudaría.

Gabriela, con tono sutil, se dirigió al joven: "¿Ya te sientes más calmado? Me llamo Gabriela." El joven le contestó: "Me llamo Gadiel. Perdona si te asusté. Es que por tantas obligaciones y responsabilidades personales por segunda vez llegué tarde y volví a perder el tren. No es fácil entre tanto estrés lograr terminar todo lo que me corresponde hacer. Quería empezar de nuevo y cada vez que planifico hacerlo, algo pasa que no llego a tiempo. Esta es mi historia hoy y quizás, la historia de mi vida.

Tenía todo preparado para alcanzar el tren y comenzar un nuevo camino. Pero las circunstancias de la vida parece que no quieren que lo logre. Este viaje era mi mejor oportunidad para comenzar un nuevo futuro. Por segunda vez lo deje pasar. Ya no sé si deba intentarlo de nuevo."

Gabriela, preocupada por la desesperación y cansancio que reflejaba el joven, comenzó a hablarle: "Sabes Gadiel, la vida siempre tiene oportunidades que puedes escoger o dejarlas pasar. A veces tenemos responsabilidades que nos hacen dejar pasar algunas. Pero eso no implica que debemos rendirnos. Siempre hay formas de alcanzar las metas que anhelamos. Aunque eso implique que tengamos que coger la ruta más larga para lograrla.

Te puedo dar muchos ejemplos de vidas que han tenido que buscar rutas alternas para lograr alcanzar su éxito en la vida. Las dificultades siempre estarán presentes. Tenemos que buscar como resolver las que podemos y dejar en manos de Dios las que no podemos. Siempre hay una ruta que podemos trazar para lograrlo."

Gadiel, con cara de frustración y sumido en una desesperación palpable en su rostro, le contestó: "Es fácil poder decirlo. Cuando estamos enfrascados en las situaciones nunca se ve la luz al final del túnel. Así es como me siento ahora." Gabriela le contesta: "A veces la vida nos pone personas en el camino para darnos la luz que necesitamos y escuchar alternativas que puedan guiarnos.

Son los momentos en que pensamos que por casualidad aparecen cuando menos lo esperamos. Tal vez este encuentro no es una casualidad. Mi tren se atrasó y voy a estar bastante tiempo en esta estación. Voy a compartir contigo unas historias que quizás puedan aclarar tu mente y darte esperanza." Gadiel le contesta: "Si esas historias pueden ayudarme a encontrar la luz te agradecería las compartas conmigo."

Gabriela continúa hablando: "Te voy a contar la historia de un encuentro con un amigo muy especial. Estudiamos juntos, pero no fue hasta hace algunos años que en una conversación muy amena compartió su historia de vida. Una historia que, además de impresionante, es un ejemplo de superación que debe compartirse.

La historia de Daniel

Era un día hermoso. Había un sol radiante y se podían ver miles de siluetas en las nubes. Estaba preparándome para salir cuando recibí una llamada que me alegró. Era un buen amigo de la infancia que estaba de visita en su ciudad y quería aprovechar la oportunidad para saludarme. En el teléfono Daniel le dice: "Hola Gabriela, estoy de pasada en la ciudad. Si no tienes nada que hacer me gustaría verte."

Gabriela muy contenta por su llamada le pregunta: "¿Dónde te encuentras?" Daniel le contesta: "Estoy cerca de un centro comercial. Tengo que comprar algunas cosas para mi familia. Regreso mañana con ellos, pero me gustaría poder verte y saludarte si no tienes compromisos. Hay un restaurante dentro donde podríamos encontrarnos y sentarnos a hablar un rato."

Gabriela le contesta muy contenta: "Si puedes esperarme alrededor de una hora, llegaré donde estás para que podamos compartir un rato." Daniel le dice que no hay problema y aprovecha el tiempo comprando los regalos que quería llevarle a su familia.

Gabriela y Daniel se encontraron en el lugar acordado. Hacía muchos años que no se veían debido a que vivían en lugares muy apartados. Las circunstancias de la vida hacen que guardemos en nuestros corazones la amistad de personas que en muchas ocasiones no volvemos a encontrar. Sin embargo, cada una de ellas deja una huella en nuestras vidas con enseñanzas que nunca olvidaremos.

Dentro del restaurante compartimos de lo que había pasado en nuestras vidas desde que dejamos de vernos. Pero para mí, fue muy impactante la historia de Daniel. Aunque estudiamos juntos por muchos años, nunca tuve la menor idea de las situaciones tan difíciles que tuvo que superar para lograr sus metas a tan corta edad.

Luego que yo terminara de hablar de mi vida en los últimos años, le digo a Daniel: "Sé que hiciste una carrera militar exitosa y tienes una familia adorable. Lograste alcanzar tus metas en los estudios y que has sido un gran profesional destacado en tus áreas de trabajo. Estoy muy orgullosa de tus logros."

Daniel me dice: "No fue fácil lograrlo. No debes saber que me crié en un residencial público donde la criminalidad y la droga campeaban por su respeto. Desde pequeño tuve que trabajar para poder estudiar. Primero, vendiendo periódicos en las mañanas. Luego, para poder pagar la escuela secundaria, tenía un segundo trabajo en las tardes.

Mi papá era un hombre fuerte. Tenía problemas de alcoholismo. Él me enseñó las diferentes drogas que existían para que no me cogieran de tonto y no cayera en ellas. Quería ir a la universidad, pero mi situación económica no me permitía pagarla sin una ayuda económica. Ya a todos ustedes les habían contestado de las universidades menos a mí.

Fue entonces cuando decidí enlistarme en el ejército para ayudar a mi mamá. Luego de haber firmado en el ejército recibí la contestación de que me habían aprobado la beca para la universidad. Ya no había marcha atrás. Fueron muchos años difíciles.

El estar lejos de mi familia me hizo crecer y madurar aceleradamente. Me casé, tuve mis hijos y logré terminar la universidad dentro del ejército. Aproveché todas las oportunidades de estudio que pude para lograr ser el profesional que soy hoy."

Con gran admiración le dije: "Tantos años juntos en la escuela y no sabía lo profundo e impresionante de tu historia. Hay veces que nos desesperamos por situaciones superfluas y no reconocemos lo importante que es luchar por lo que realmente queremos.

Tu historia es digna de compartirse. Cuántos jóvenes desesperados se encierran en un caparazón y dejan pasar todas las oportunidades que se le presentan. Sin embargo, tú no solo pudiste reconocerlas, las aprovechaste al máximo para lograr tus metas."

Seguimos compartiendo historias agradables de nuestras vivencias. Ambos hemos sido guerreros en nuestras respectivas vidas. Al terminar de comer nos despedimos con la esperanza de volver a encontrarnos en un futuro.

Gabriela le dice a Gadiel: "Yo quedé impactada con la historia de mi amigo. Hay diferentes rutas para alcanzar lo que queremos lograr. Y aunque su vida no había sido fácil, las vicisitudes de Daniel a tan corta edad y cómo las superó eran impresionantes.

Tuvo que luchar para poder aprovechar las oportunidades. Tuvo que dejar pasar algunas por no tener las herramientas necesarias en ese momento. Pero la vida le permitió lograr sus metas reconociendo otras oportunidades que le ayudarían a llegar al éxito anhelado. Es un ejemplo para seguir de una historia de vida muy especial."

Gadiel le dice en tono muy triste: "Han sido muchas las oportunidades que he tenido que dejar pasar. Algunas por ignorancia, otras por no saber cómo luchar por ellas. Su historia me recuerda un maestro que tuve. Llegó de Estados Unidos con una visión de ayuda a estudiantes que quiso implantar con nosotros. El profesor se llamaba Juan. Sus consejos y el tipo de ayuda que nos daba estaban completamente fuera de época.

Organizó un grupo de apoyo estudiantil que se reunía luego de la jornada escolar. Cada uno tenía situaciones familiares particulares como divorcio, baja autoestima y rezagos académicos. Su misión era lograr que sus estudiantes reconocieran lo importante que eran y pudieran superar sus dificultades ofreciéndoles herramientas para lograr sus metas.

Él pudo ver con el pasar del tiempo los frutos de los pasos enseñados a cada estudiante. Aún después de terminar la escuela, siempre estuvo pendiente de sus estudiantes. Lo extraño mucho. Fue un gran consejero que a su corta edad tuvo grandes logros. Pero cumplió su misión en la Tierra. Todos los que lo queríamos tuvimos que despedirnos de él con muchas lágrimas en nuestros ojos.

No todos logramos lo que queríamos hacer. Tuve muchas dificultades en mis estudios que no me permitieron terminar en la carrera que soñaba. Ya es muy tarde para continuar. Siento que el tiempo se acaba y ya no tengo muchas esperanzas de continuar."

Gabriela le dice: "Nunca es tarde para lograr todo lo que te propongas en la vida. Conocí a una joven que tuvo que superar una situación similar a la tuya. Tuvo la oportunidad de estudiar su primera maestría en una universidad diferente a la que hizo su bachillerato.

Se había destacado en la universidad por su dedicación a la investigación. Había obtenido premios a nivel internacional que la hacían merecedora de la beca que le ofrecían.

El ambiente desde el primer momento fue hostil. Cuando comenzó en la nueva universidad observó que los profesores tenían una guerra constante entre ellos. Peor aún, si eras estudiante graduado de uno de ellos, no podías tener ningún tipo de amistad con los estudiantes del otro. Ella estaba acostumbrada a trabajar en equipo. No tenía idea de lo que le esperaba en esa nueva aventura."

La historia de Andrea

Era un día de invierno donde la brisa fresca se combinaba con el sol para mantener un agradable ambiente en el trópico. Andrea estaba preparando la solicitud a escuela graduada en su universidad. Los profesores estaban muy contentos de comenzar a realizar sus trabajos con ella. Se había destacado mucho durante su bachillerato al igual que en la escuela secundaria. Tenía un increíble historial de presentaciones y premios a lo largo de su trayectoria.

Uno de sus mentores estuvo en una reunión en otra universidad hablando de ella. Un decano de esa universidad se interesó mucho y quiso entrevistarla. Le habló de las ventajas que tendría si aceptaba comenzar con ellos. Su hermano estudiaba en esa universidad, pero a ella no le gustaba. Su mamá la convenció de que aceptara porque se le hacía más fácil pagar un hospedaje que dos. Muy a su pesar, aceptó.

Tuvo problemas con dos profesores que no querían que ella terminara. Los gritos constantes regañándola y diciéndole que no servía, destruyeron su autoestima. La última noche que trabajó en su segunda tesis, la doctora con quien estaba trabajando le dijo: "En la ciencia como en la vida tienes que aprender a pisotear a los demás para sobresalir.

Las experiencias y los premios que ganaste te dañaron. Tú eres como Mary Poppins, crees en la unión y el bienestar de todos. Igual que ir con amigos a la playa a cantar acompañados de una guitarra y ver el atardecer o amanecer. Eres un fracaso, no sirves para la investigación."

Andrea visiblemente alterada le dijo: "Si esa es la forma en que tengo que trabajar para sobresalir en esta profesión, este no es mi mundo. Sí soy como Mary Poppins. Creo en compartir con los demás y esperar lo mejor de ellos. También voy a la playa con una guitarra y buenos amigos a compartir como familia. Aquí tiene las llaves del laboratorio, no voy a seguir trabajando con usted."

Estuvo un año cogiendo clases sin trabajar en una nueva investigación de tesis. Un profesor que la había ayudado en una parte de su segundo trabajo de investigación, la llamó para pedirle que comenzara a trabajar con él. Tenía un proyecto especial que le gustaría que ella lo llevara a cabo y lo convirtiera en su tesis.

Como parte del trabajo había un entrenamiento con un doctor que venía de Estados Unidos y estaba seguro de que ella lo podía ayudar. Él era un profesional muy reconocido en su campo y a nivel internacional.

El doctor que les dio el entrenamiento se dio cuenta que algo le pasaba a Andrea. Cada vez que le hablaba y le pedía que llevara a cabo un procedimiento, notaba que ella temblaba. Tenía curiosidad por lo que estaba observando ya que de todos los estudiantes que estaban allí ella era la que sobresalía. Pero a la vez, la más tímida y nerviosa del grupo.

El doctor le pidió a Andrea si podía hablar con ella. Ante su miedo de volver a fracasar se asustó mucho al pensar que la iban a regañar por algo que hubiese hecho mal. Le contestó al doctor temblando como una hoja: "Dígame doctor, ¿hice algo mal?" Él le dice: "Por el contrario. Quiero felicitarte por el excelente trabajo que estás haciendo. Eres la mejor de todos los estudiantes que están tomando el entrenamiento. Pero me preocupa algo. ¿Por qué cada vez que te hablo tiemblas como si te fuera a regañar por algo?

En ese momento Andrea no pudo contener las lágrimas y se puso a llorar. Su profesor entró al laboratorio donde estaban hablando y trató de calmarla. Le estuvo explicando al doctor las situaciones tan fuertes que había tenido que pasar en la universidad. Sobre todo, los gritos y maltratos que había recibido. El doctor, con mucha calma, la guio y levantó su autoestima, logrando que considerara y escogiera nuevas oportunidades positivas.

Esos laboratorios estaban localizados en un recinto fuera de la universidad donde ella estudiaba. Razón por la que estaba más tranquila al no tener que encontrarse con los profesores que le habían hecho la vida tan difícil.

El doctor escribió una carta al director del departamento y al decano de la universidad exaltando las habilidades y destrezas de Andrea en el entrenamiento. Pero no fue suficiente. Ella terminó un tercer trabajo de investigación con el profesor del recinto que los profesores de la universidad no le permitieron presentar. Ordenaron una baja administrativa de sus créditos de tesis y no la dejaron graduarse.

Los profesores del recinto donde estaba haciendo la investigación le ofrecieron que se trasladara con ellos. Así podía utilizar los créditos que había tomado en la universidad como electivas y al coger los de concentración, podría graduarse en un año pues tenía la investigación terminada. Ella lo hizo así.

Pero el destino y las circunstancias de la vida muchas veces no permiten que logremos lo que nosotros tenemos programado. Una muerte trágica de un familiar muy cercano impidió que ella tuviese las fuerzas para seguir luchando.

Estuvo varios meses encerrada pensando en que había sido un fracaso. Había perdido la fe en ella y sus habilidades. Comenzó a buscar trabajo y ocho años luego de estar trabajando en la protección del ambiente, emprendió su segunda maestría. Logró hacer su tesis en Estados Unidos en tres meses por una beca que se ganó, graduándose con altos honores.

Seis años más tarde, ya con un hijo pequeño, comenzó el doctorado trabajando de día y estudiando de noche, ganando una beca de la "National Science Foundation" altamente competitiva. Se graduó con altos honores y hoy día es una profesional altamente reconocida.

Su pasión por la investigación, así como la intensión de ayudar a los demás, le permitió cumplir sus sueños realizando trabajos de investigación que ayudaran a comunidades pobres y sin recursos a mejorar sus condiciones de vida.

Gabriela en ese momento se dirige a Gadiel y le dice: "Como vez Gadiel, nunca es tarde para luchar y alcanzar tus sueños. Andrea luchó por sus sueños y no perdió más oportunidades en la vida. Hubo muchos trenes que pasaron que no pudo coger. Muchos que no quiso coger por circunstancias de la vida. Pero al final, el vagón que escogió la llevó a su meta.

Gadiel, asombrado por la historia, le dice: "¿Cómo pudo con tanta presión? Yo no he pasado ni la mitad de lo que ella vivió y pensé en dejarlo todo y no continuar. Cierto que es una historia inspiradora. Una historia que me da la esperanza para seguir adelante. Sobre todo, de escoger el vagón adecuado para aprovechar las oportunidades que nos da la vida. Ahora sé que no importa el tiempo, ni la ruta; lo importante es tener el deseo de luchar si queremos cumplir con las metas trazadas. Gracias por compartirla."

Gadiel continúa hablándole: "Como usted ha podido observar, este es un pueblo pequeño. Son muy pocas las personas que tienen las facilidades para ayudar a otros. Esto hace que muchos pierdan la motivación y no quieran seguir luchando. Incluso aquellos que tienen interés, se frustran y no quieren seguir avanzando. Se cansan de tocar puertas pidiendo ayuda en sus proyectos y no siguen intentando.

Esto sucede en todos los niveles. Los jóvenes no tienen motivación para seguir adelante. Buscan ayuda y no creen en ellos por ser jóvenes. Quizás, por pensar que no tienen la capacidad necesaria para llevar a cabo las tareas o responsabilidades que requieren los trabajos que están solicitando."

Gabriela le responde en un tono suave pero firme: "La vida te brinda las oportunidades necesarias para que puedas lograr todo lo que te propones. Si te pones limitaciones, no vas a alcanzar tus metas. Un gran sabio me dijo una vez cuando entrenaba en un deporte. "Tú eres tú peor enemiga."

Te voy a contar la historia de una niña que soñó con volar alto y luchó por alcanzar sus estrellas. Quería lograr algo que nadie había podido hacer en su pueblo. Todos le decían que era algo imposible. Y menos ella, que era una niña sin recursos para lograrlo. Pero ella no desistió y contra viento y marea siguió adelante."

La historia de la niña que luchó por alcanzar las estrellas

El día estaba brillante, radiaba la luz del sol. Un nuevo día para ir a la escuela. Era una escuela pequeña de estudiantes de bajos recursos económicos. Los maestros los estimulaban a superarse constantemente. Sofía estaba muy emocionada. Había logrado convencer a sus maestras, luego de varios años de insistencia, que incluyeran proyectos de investigación en las clases de escuela elemental. Solamente a los estudiantes de escuela secundaria se les requería hacerlos.

Una vecina que la quería mucho era maestra de ciencia y la ayudó. Fue un trabajo sencillo. Su papá le preparó una caja de madera son varias divisiones y un pequeño hueco para ponerle luces de diferentes colores a cada división. El propósito era investigar el efecto del espectro de luz en el crecimiento de las plantas de habichuela.

Con mucho cuidado media el crecimiento todos los días. Una vez en semana le llevaba la caja de madera a su vecina para que viera el progreso. Fueron varios meses de estudio. Sofía quería aprender a realizar trabajos de investigación que ayudaran a los demás. Luego de mucho esfuerzo lo logró. Su vecina fue la semilla inicial que la dirigió y la encaminó a lo que fueron las mejores experiencias de su vida.

Sofía no dejó de luchar por su sueño. El año siguiente realizó un trabajo del efecto de la contaminación térmica en los peces junto a su mejor amiga. Ese año fueron el mejor proyecto de la escuela. Su entusiasmo y dedicación fueron el detonante para lograr alcanzar otras metas.

Quería representar a su país en proyectos de investigación. En su pueblo nadie lo había logrado. Los maestros no tenían la experiencia para ayudar a los estudiantes y mucho menos los recursos. Sofía tocó muchas puertas y nadie la quería ayudar. Pero eso no la detuvo.

Un día logró entrevistarse con un profesor de la universidad que se interesó en el trabajo que ella quería realizar. Le indicó que él estaba haciendo algo parecido y que quizás podría ayudarla. Por fin había conseguido la oportunidad que tanto anhelaba. Tenía sólo trece años cuando comenzó. Ella caminaba todos los días después de la escuela a la universidad para llevar a cabo los procedimientos que requería la investigación.

Estuvo trabajando cuatro años en su proyecto. No sólo logró su sueño de representar a su país, sino que se convirtió en la primera estudiante de su pueblo en lograrlo a nivel internacional y ser el mejor proyecto de todos los países que compitieron en su categoría por dos años consecutivos. El camino no fue fácil. Estuvo repleto de muchos sacrificios y largas horas de dedicación.

El primer año que ganó tuvo una entrevista muy particular con el profesor encargado de los estudiantes que iban a competir fuera del país. El doctor Cortez la llamó a su oficina en la universidad donde fueron las competencias. Tenía que discutir los pormenores de la competencia y del viaje que iban a realizar para hacer una buena representación internacional. La ciudad donde se encontraba la universidad estaba a una hora de donde Sofia vivía. Su mamá la acompañó en todo momento.

Ya en la oficina del doctor Cortez comenzó la charla: "Sofia, no sé cómo una porquería de proyecto como el tuyo ganó para representar al país en las competencias internacionales. Pero ya estás dentro del grupo y te tengo que ayudar.

A tu trabajo le faltan las partes más importantes de un proyecto de investigación." Sofia estaba asustada. Había trabajado sola en el proyecto con la ayuda de su mamá, que era maestra de español y no tenía las herramientas necesarias en ciencia para dirigirla.

EL TIEMPO QUE SE VA Y NO VUELVE

El doctor Cortez continuó diciéndole las partes que le faltaban y Sofía le indicaba dónde se encontraban en el trabajo. Ella tenía todo en otro orden. Al terminar la conversación, el doctor le dijo que tenía que trabajar mucho con ella.

En su proyecto había que cambiar tanto la presentación como el escrito. Además, era necesario traducirlo todo al inglés. Tan pronto tuviera todo listo, era requisito que viajara diariamente a la universidad para montar el proyecto como se iba a presentar en la competencia.

Sofía estuvo dos semanas sin dormir traduciendo el trabajo, preparando la presentación y pasándolo en maquinilla. En aquella época no eran tan accesibles las computadoras y tampoco los recursos económicos para comprarlas. Ella no se rindió. Luego de dos meses de arduo trabajo llegó la semana final de preparación al viaje.

Eran las tres de la madrugada cuando terminaron de montar el proyecto, hacer el croquis de la presentación y guardar en cajas las tablas donde se iba a presentar. El doctor Cortez le dijo al final: "El trabajo ha dado un cambio del cielo a la Tierra. Vamos a ver como se mueve en la categoría y pensamos en algo mejor para que lo trabajes el año que viene." El doctor no tenía esperanzas de que el proyecto tuviera posibilidades en la competencia.

La competencia fue fuerte. Para la sorpresa del doctor Cortez, los proyectos que él esperaba fueran los mejores no llegaron entre los primeros premios. Sin embargo, el proyecto de Sofía fue el único primer premio del país ese año. Los sacrificios y esfuerzos de Sofía y el apoyo incondicional de su mamá, no fueron en vano. Logró el reconocimiento de su pueblo y del doctor Cortez.

En su segundo año de competencia, el esfuerzo por lograr repetir fue inmenso. Sofía estuvo el año entero trabajando arduamente. Su mamá, de nuevo, la apoyó incondicionalmente. Tenía la motivación de ser el mejor proyecto a nivel internacional para poder representar a su país en la entrega de los Premios Nobel.

Su sueño de alcanzar las estrellas y brillar sólo estaba comenzando. Primero tenía que revalidar para representar a su país y luego obtener la posición más alta de los premios a nivel internacional para poder ser escogida.

Ese año la competencia estuvo muy fuerte. En su categoría estaban participando más de cien proyectos. Entre ellos, estudiantes de Japón, Suecia y Canadá. Sofía tuvo más de cincuenta jueces evaluándola. La competencia estaba entre el proyecto de Japón y el de ella. Fueron horas intensas.

Al final se lograron los frutos de todos los sacrificios. Se convirtió en la primera estudiante de su país en lograr un primer premio sus únicos dos años de competencia y la primera en representar a su país en la entrega de los premios Nobel. Logró alcanzar sus estrellas.

Hoy en día trabaja en un laboratorio de investigación, ayudando a jóvenes en su tiempo libre a alcanzar sus metas. Siempre ha abierto las puertas a todos los que han buscado ayuda. Sin importar los problemas que pudiera ocasionarle con sus superiores. Los ha dirigido sin medir el tiempo que necesiten, de la misma forma que a ella la ayudaron cuando no tenía esperanzas de lograr sus sueños. Siempre poniendo su ejemplo: "Si yo pude sin recursos, ustedes pueden."

Gabriela le dice a Gadiel: "Sofia es un ejemplo de superación. Su nombre significa sabiduría, algo que utilizó a través de toda su vida. Aun a su corta edad, luchó contra viento y marea para ver realizados sus sueños. No se conformó con lo mínimo. Supo reconocer y aprovechar todas las oportunidades que se le presentaron para alcanzar el éxito. Se visualizó en la cima de la montaña, para llegar al cielo y poder alcanzar sus estrellas."

Gadiel, un poco avergonzado luego de escuchar aquella historia, le dice a Gabriela: "Tiene mucha razón en todos sus argumentos. Si nos cansamos de luchar y de perseguir las metas, el futuro será cada vez más incierto. Si pensamos negativo, obtendremos resultados negativos. Tenemos que pensar que cuando se cierra una puerta, se tiene que abrir otra. Si dejamos de insistir, no encontraremos más puertas abiertas. En mi caso, seguir perdiendo el tren."

Gabriela reconoció el cambio en tono de Gadiel al terminar de hablar. Se escuchaba con más esperanza que cuando comenzaron. Aprovechando el momento, le dijo: "Tienes que pensar positivo siempre. Ya escuchaste en todas las historias que compartimos lo importante que es luchar y perseguir tus sueños. No importa el tiempo que tardes en lograrlo. Lo importante es no desistir. Si se cierra una puerta es porque no te convenía pasarla. Siempre tienes una luz de frente que te guiará en el camino que debes seguir. Nunca dejes de luchar por tus sueños.

Aprende a escoger tus rutas. Si algunas son más largas, no importa. Al final lograrás tus objetivos y alcanzarás el éxito que anhelas. Nunca olvides a Thomas Alva Edison, que dijo cuando le preguntaron qué sentía luego de haber fracasado tantas veces antes de lograr inventar la bombilla. Él les contestó: "No fracasé, sólo descubrí 999 maneras de cómo no hacer una bombilla".

Gadiel le agradeció sus palabras llenas de esperanza. En un mundo donde pensaba que todo era oscuridad, logró ver la luz. Le prometió seguir adelante y buscar la mejor ruta para continuar su camino en el tren.

Gabriela le dice a Gadiel: "No hay casualidades en la vida. Teníamos que encontrarnos y compartir las historias que hemos disfrutado. Espero que encuentres tu camino y alcances la luz que estás buscando. Estoy segura de que lograrás todo lo que te propongas para alcanzar el éxito que mereces. Ese es mi tren. Será hasta pronto."

En ese momento se escuchó el silbido del tren que estaba a punto de llegar. Era el tren de Gabriela que estaba atrasado. Sus ruedas tenían un sonido armonioso. Se escuchaba como una sinfonía que cantaba con alegría. Esperaba que fuera el presagio de lo que encontraría en la próxima estación del tren.

CAPÍTULO V

El Viaje de la Transformación

"Dar por Gracia lo que por Gracia hemos recibido"
Arelis Estévez

Era un día hermoso. Las nubes dibujaban siluetas que parecían bailarinas en un juego de ajedrez. Sus figuras adornaban los matices de colores brillantes que el sol acariciaba sobre ellas. Rojos, anaranjados y tenues azules eran parte de la belleza que cualquier pintor plasmaría en sus lienzos. La belleza de la naturaleza era indescriptible.

En el trayecto, cruzaron hermosos bosques. Estaba comenzando el otoño, la transformación a una nueva estación del año. Las hojas de los árboles jugaban con una gama de tonalidades que parecía que estaban pintando un mural de exposición. La Madre Tierra nos regalaba su más profunda inspiración.

Gabriela estaba meditando en la profunda conversación que tuvo con Gadiel. ¿Cómo es posible que la desesperación permita que jóvenes pierdan las esperanzas? ¿Por qué las situaciones vividas no sirven de enseñanza para reconocer que existen nuevas puertas que cruzar y lograr tus metas? ¿Qué se necesita para internalizar que somos seres valiosos y en cada etapa aprendemos nuevas lecciones que permiten una transformación? ¿Cómo se puede lograr que se busque ayuda cuando lo necesiten? Estas fueron algunas de las preguntas que Gabriela se hacía camino a la próxima estación.

El trayecto siguió tranquilo. Una metamorfosis se podía observar en el caminar del tren. Los sonidos a veces eran fuertes como el rugido de un león en la selva marcando territorio. Luego suaves y rápidos como las gacelas en su recorrido por los prados. Ya llegando a la próxima estación, los sonidos eran armoniosos, como indicando el comienzo de una nueva transformación.

Gabriela bajó del tren en busca de un lugar donde sentarse y esperar su próxima salida. La estación era diferente a las demás. Estaba adornada con colores pasteles que inspiraban paz y armonía. Los matices cambiaban de intensidad en cada sección de descanso para los transeúntes. Las paredes estaban adornadas con cuadros de paisajes que inspiraban a todos los que pasaban por su lado. Reflejaban cambios interesantes como los cambios que experimentamos en cada etapa de la vida.

El Viaje de la Transformación

En una de las secciones de descanso había un cuadro que impresionó a Gabriela. Era un paisaje con una profundidad que te ponía a meditar. Sus colores inspiraban paz, pero a la vez, los cambios a medida que disminuía la profundidad mostraban la transformación del bosque en su máxima expresión. Gabriela empezó a meditar sobre el camino de su vida. Las etapas que había tenido que superar con éxito y las que tuvo que luchar para lograr sus metas. En todas tuvo que romper la crisálida para alcanzar las metas trazadas. En todas tuvo tropiezos, pero nunca perdió la esperanza porque todo es posible si puedes creer.

La estación tenía un área con cristales que permitían ver el hermoso paisaje que adornaba el exterior. Cerca de uno de ellos estaba un joven de ojos vivaces con un semblante de preocupación. Gabriela se acercó y le preguntó si podía sentarse junto a él. El joven muy amable le dijo que no había problema y comenzaron una entretenida conversación.

El joven se dirige a Gabriela: "Llevamos rato hablando y no me he presentado. Me llamo Eduardo." Gabriela se presenta: "Me llamo Gabriela." Eduardo continúa hablando: "Estoy esperando el tren para comenzar una nueva aventura. Estoy un poco nervioso. Es un trabajo nuevo. Sin embargo, no era el que yo había solicitado. El lugar donde solicité no se interesó en mi historial. Un supervisor de la misma compañía en una ciudad diferente a la que yo quería se interesó en mi historial y me ofreció trabajar con él. Me asustó aceptar el reto. Pero no tenía otra opción."

Gabriela, interesada en su situación, le dice: "Sabes, a veces las oportunidades aparecen de las formas más inesperadas. Las aceptamos y nos arriesgamos o las dejamos pasar. Tu historia me recuerda las vivencias de dos amigas que tuvieron una oportunidad similar. Valoraron su trabajo y la experiencia en sus áreas. Si hubiesen rechazado la oportunidad, no hubieran podido terminar de estudiar. Te la comparto."

El valor de tu trabajo

Gretchen y Lucía eran dos amigas que trabajaban durante el día y estudiaban para su maestría por las noches. La jornada era larga, pero sus deseos de superación eran aún mayores. Gretchen era las más activa de las dos. Siempre estaba atenta a todas las oportunidades que ofrecía la universidad.

Formaban parte del primer grupo de esa maestría. Les exigieron mucho más en las evaluaciones que a las demás concentraciones. En tono de broma, se llamaban a sí mismos los "conejillos de Indias" de la universidad. Ya que, por ser los primeros, estaban experimentando con el grupo.

En su último semestre, tuvieron la oportunidad de solicitar un internado de tres meses para poder realizar su trabajo de tesis. Gretchen animó a Lucía para que solicitara con ella. A Lucía no le interesaba mucho. Además, no dominaba el inglés. Gretchen la convenció diciéndole que podían solicitar en una ciudad que quedaba cerca de su tía y así no se sentirían tan solas. Sería la primera vez que ambas estaban lejos de su familia.

Pasó el tiempo y no recibieron respuesta sobre el internado. Gretchen comenzó a desesperarse. Una tarde, recibió una llamada de Estados Unidos de un número que no reconocía. Era la doctora Jacqueline Henderson, relacionada con el internado. La doctora le explicó que había recibido su solicitud para el internado y que estaba muy interesada en su experiencia y preparación académica para que llevara a cabo un proyecto de investigación en su laboratorio. Aunque las facilidades no estaban en la ciudad que Gretchen había solicitado, le ofrecía una oportunidad única para completar su grado.

Gretchen le explicó las razones por las que había solicitado en la otra ciudad junto con su amiga. Sobre todo, para poder compartir juntas la experiencia y alojamiento ya que era la primera vez que se separaban de sus familias. La doctora no tenía el expediente de Lucía, pero aceptó a ambas para poder contar con Gretchen en su equipo.

Fueron tres meses intensos de mucho aprendizaje mutuo. El viaje supuso una transformación muy positiva en la vida de ambas. Gretchen regresó a su ciudad con unas experiencias inolvidables y un trabajo de tesis excelente. Pudo aplicar en su trabajo las técnicas aprendidas y demostrar que todo se logra si crees en ello.

Si no hubiese aceptado la oportunidad, probablemente no habría tenido la experiencia del internado. En el lugar donde solicitó, no mostraron interés por su preparación. Sin embargo, en otra ciudad, había alguien muy interesada en aprovechar sus conocimientos y guiarla en su camino.

Gabriela le dice a Eduardo: "Gretchen tuvo la oportunidad de rechazar la oferta de la doctora. Por el contrario, aceptó el reto como tú ahora. No podemos dejar pasar las oportunidades que son únicas en la vida. Esas no volverán. El camino al éxito es como una carretera de muchas curvas. Tienes que estar pendiente si en el camino hay tropiezos u obstáculos que puedas pasar. Si no, hay rutas alternas que nos permitirán llegar al mismo destino."

Eduardo, esperanzado, le dice: "He pasado por muchos tropiezos en mi trabajo anterior. Por ser el más joven sufrí mucha discriminación por parte de mis compañeros e incluso de mi último jefe. Fueron meses muy difíciles donde pensé que no podía continuar. Necesitaba el trabajo, era mi único ingreso económico y tenía que pagar mis deudas. Aproveché esta oferta, aunque no era lo que quería, para poder seguir adelante."

Gabriela le responde con determinación: "Los tropiezos en los trabajos son más frecuentes de lo que te imaginas. En cualquier lugar donde hayan más de dos personas, pueden surgir conflictos debido a diferencias de caracteres.

Cuando somos jóvenes, nos discriminan porque piensan que no tenemos los conocimientos adecuados para realizar un trabajo. Si demostramos que los poseemos, nos tratan como si estuviéramos recibiendo favores al hacer un trabajo que no nos corresponde. En muchas ocasiones somos perseguidos, llegando incluso a ser desplazados para que otras personas ocupen nuestras posiciones.

Si somos adultos, nos discriminan porque ya somos viejos y piensan que no tenemos la capacidad para realizar los trabajos que una persona joven hace. O simplemente porque somos anticuados y no estamos a la altura de quienes ocupan cargos gerenciales. Esta conversación me acuerda la historia de un patito feo."

La historia del patito feo

Camila era una joven emprendedora con una visión del futuro completamente adelantada a su época. Se destacó inmediatamente al comenzar a trabajar gracias a su dedicación. Recibió reconocimiento de muchas personas fuera de su empresa, quienes le proporcionaron fondos para cubrir gastos operacionales a la compañía donde trabajaba. Tuvo dos jefes que valoraban mucho su trabajo. Se convirtieron en sus mentores, guiándola durante varios años.

Lamentablemente, ambos dejaron la empresa. Los gerentes nuevos no valoraron su desempeño. Sostenían que una persona tan joven no tenía la capacidad para asumir tantas responsabilidades. Preferían a otras personas en su posición. Hicieron todo lo posible para relevarla de sus funciones.

Le fabricaron un caso con varios memorandos de amonestaciones en un día, incluyendo serias acusaciones relacionados a su desempeño y nombrando a otra persona para reemplazarla. El caso llegó a la división legal, donde ella apeló todo lo que le habían hecho, ya que su puesto era permanente. Fueron años difíciles. Se enfermó, perdió mucho peso y hasta las ganas de vivir.

El Viaje de la Transformación

Un día recibió una oferta única. Era la oportunidad de trabajar en el campo que estudió y aplicar todos los conocimientos adquiridos a lo largo de los años. La oferta provenía de una subsidiaria de la empresa donde trabajaba. Sin embargo, no quería aceptarla hasta que se hiciera justicia por la situación que estaba viviendo.

El presidente de la compañía en la que trabajaba no tenía conocimiento de lo que estaba pasando. Cuando le refirieron el caso de la división legal quedó impactado y molesto. Él conocía el calibre de la empleada y confiaba mucho en ella. Dio instrucciones a la división legal para que se resolviera el caso a favor de la empleada y se restituyera en su trabajo. Hubo mucho descontento entre aquellos que intentaron hacerle daño. Un mes más tarde, aceptó el cambio y empezó en la subsidiaria de la compañía.

Inmediatamente, comenzó a validar el área de trabajo y a implementar cambios para mejorar las condiciones laborales. Durante siete años, estuvo desarrollando proyectos con los que recibió muchos reconocimientos. Ayudó a otros jóvenes a desarrollarse en la empresa, de la misma manera que la ayudaron a ella cuando comenzó. Un día, el presidente de la compañía le dijo que quería proponer su nombre para un premio nacional de empresarios destacados. Se seleccionaban solamente cinco para el reconocimiento final. Ella estaba muy emocionada y a la vez halagada por la nominación.

El presidente le asignó una persona para que la ayudara a preparar su historial de vida. Fueron varios meses de preparación, pero al final tuvo su recompensa. Fue seleccionada entre los cinco finalistas y quedó en segundo lugar a nivel nacional. Era un premio muy anhelado por todos aquellos que trabajan en empresas privadas.

Un empleado que participó de su destitución la encontró un día en los pasillos de la empresa central y la felicitó por sus logros. Le dijo: "Estoy impresionado por tu historia. Ahora entiendo lo injusto del proceso que tuviste que pasar. Te pido disculpas por mi participación. Era mi trabajo. Lo más importante es que nunca te cansaste de luchar. Siempre demostraste quién eres. Al final, el patito feo se convirtió en un hermoso cisne."

Gabriela le dice a Eduardo: "Como puedes ver en la historia, Camila nunca se rindió. Demostró su potencial con entereza y pasión. Aún en los momentos difíciles que tuvo que pasar, no dejó de luchar. Fue en esos momentos el patito feo que todos querían eliminar. No fue fácil su camino. Pero al final se reconoció todo su esfuerzo, alcanzando el éxito. Experimentó una gran transformación en su vida. Se convirtió en el hermoso cisne."

Eduardo se quedó pensando en la historia de Camila. Luego le dice a Gabriela: "La vida no es fácil. En muchas ocasiones presenta situaciones que tenemos que resolver para lograr lo que soñamos. Algunas son más fuertes que otras. La lección es no detenerse, seguir luchando por alcanzar lo que queremos.

Conozco un artista tallador de santos y escultor, hoy muy famoso, que nació en mi pueblo. Provenía de un campo muy pobre. Vivía con sus padres y abuelo, quien le enseñó los primeros pasos en la talla de santos. Este joven logró alcanzar sus sueños, guiado por su mentor. Su historia siempre ha sido mi inspiración. Me gustaría compartirla contigo."

El eco del éxito: Un joven y su mentor

José era un joven inquieto con muchos sueños en la vida. Vivía en un barrio en el campo de un pequeño pueblo llamado El Real. Su abuelo le había enseñado a tallar santos en madera. Una forma de artesanía muy popular entre la gente mayor de ese pueblo. Tenía la esperanza de algún día poder convertirse en un tallador famoso y reconocido internacionalmente.

Todas las tardes llegaba a su casa, donde tallaba incansablemente en el taller que su abuelo le había preparado antes de morir. Trabajaba cada pieza con amor y dedicación. Estaba comenzando a darse a conocer en el pueblo por su gran talento.

Un día, mientras José trabajaba una pieza delicada de guayacán, un escultor en madera muy reconocido estaba visitando el pueblo, Don Oscar. Sus obras se exhibían en lugares muy prestigiosos del país. Le habían hablado mucho sobre la calidad de los artesanos de santos en ese pueblo y quería conocerlos. En uno de los talleres le mencionaron a José y su talento prometedor, por lo que quiso conocerlo.

Don Oscar quedó impresionado por la habilidad y la pasión que José ponía en cada detalle de sus obras. Vio el potencial del joven y decidió ofrecerse como mentor. Desde ese momento, trabajaron juntos día tras día. Don Oscar compartió sus conocimientos y técnicas, guiando a José en el refinamiento de su arte. Le enseñó que el éxito no radica solo en el resultado final, sino en cada pequeño momento de dedicación y esfuerzo.

José aprendió a apreciar la belleza en los detalles, a entender la importancia de la paciencia y a valorar el proceso de creación tanto como el producto final. Don Oscar no solo fue su mentor en el arte, sino también en la vida. Le enseñó a ser perseverante, a nunca renunciar a sus sueños y a enfrentar los desafíos con determinación.

Con el paso de los años, el trabajo de José se volvió excepcional. No solo creaba talla de santos, también esculturas maravillosas que comenzaron a exhibirse en galerías de renombre. Sus piezas pronto fueron codiciadas por muchos coleccionistas de arte. Sin embargo, José nunca olvidó las lecciones de su mentor. Valoraba cada momento en el taller, cada pequeño avance y cada desafío superado con mucha humildad.

Un día, José fue invitado a realizar una exposición en la capital del país. Sus obras eran aclamadas tanto por críticos como por admiradores. Entre la multitud, observando con orgullo desde un rincón, estaba Don Oscar.

Al finalizar la exposición, José se acercó a su mentor con gratitud en los ojos. "Todo esto es gracias a ti", dijo con sinceridad. Don Oscar, con una sonrisa de satisfacción le respondió: "Recuerda, José, el éxito no solo se encuentra en las obras que creas, sino en cada pequeño momento que dedicas a tu arte. Las huellas del éxito están impresas en cada talla, en cada elección que haces y en cada obstáculo que superas. Sigue creando con pasión y humildad, tu legado perdurará en cada una de tus obras".

Y así, el eco del éxito de José resonó a lo largo del tiempo, dejando huellas imborrables en cada pequeño momento de su vida y en cada obra que creaba. Su trabajo continuó inspirando a futuros artistas a seguir sus sueños con dedicación y amor por su arte.

Gabriela le dice a Eduardo: "El éxito se encuentra en las pequeñas cosas de la vida si apreciamos las oportunidades. Recuerdo un gran sabio que decía "la belleza y el éxito se encuentran en los pequeños momentos de la vida." Por ejemplo, la transformación de una oruga en mariposa después de su crisálida. El baile de las nubes en el cielo, el arcoíris después de la tormenta, los pájaros en su vuelo. Hay una historia muy especial que quiero compartir contigo. Nos enseña cómo podemos encontrar el éxito en los pequeños detalles. Me la contó un vecino de la infancia. Se llama el baile de las mariposas."

El Baile de las Mariposas

En un tranquilo valle rodeado de montañas, vivía una joven llamada Margarita. Tenía ojos brillantes y una sonrisa que iluminaba cualquier lugar en el que se encontrara. Aunque soñaba con grandes logros, entendía que el éxito no siempre llega en forma de victorias monumentales.

Un día, mientras paseaba por el llano, vio un grupo de mariposas revoloteando entre las flores. Cada una de ellas tenía colores vibrantes y alas delicadas que danzaban con el viento. Margarita se quedó maravillada. Pensó en lo efímero y hermoso que era aquel momento.

En ese instante, un anciano sabio llamado Don Roberto se acercó a ella. Era conocido por su profunda comprensión de la vida y sus lecciones de sabiduría. Al ver a Margarita observando las mariposas, le preguntó: "¿Qué ves, querida Margarita?"

Margarita sonrió y respondió: "Veo la belleza de las mariposas, Don Roberto. Son como pequeños tesoros que llenan este jardín con su gracia y color."

El anciano asintió con aprobación y le dijo: "Así es, querida Margarita. Las mariposas nos enseñan que la verdadera belleza y el éxito se encuentran en los pequeños momentos de la vida. Observarlas es como encontrar las huellas del éxito en los detalles más simples."

Margarita reflexionó sobre las palabras de Don Roberto y decidió que, a partir de ese momento, buscaría las huellas del éxito en los pequeños momentos de su vida.

A medida que pasaban los días, Margarita aprendió a apreciar los pequeños gestos de amabilidad de las personas que la rodeaban, las risas compartidas con sus amigos y los momentos de paz que encontraba al observar la naturaleza. Cada uno de estos instantes se convirtió en una pequeña victoria en su camino hacia el éxito.

Un día, mientras estaba en el jardín de las mariposas, Don Roberto le regaló a Margarita una pequeña estatua de una mariposa tallada en madera. "Esta mariposa te recordará siempre que el éxito se encuentra en los pequeños momentos de la vida", le dijo.

Margarita aceptó el regalo con gratitud y humildad. Lo colocó en un lugar especial en su hogar. Cada vez que la miraba, recordaba las palabras de Don Roberto y se sentía inspirada a buscar las huellas del éxito en cada pequeño momento que la vida le ofrecía.

Con el tiempo, Margarita se convirtió en una buscadora de tesoros en la vida, compartiendo su sabiduría con aquellos que estaban dispuestos a aprender. Su corazón siempre estaba lleno de gratitud por las oportunidades que cada día le ofrecía. Sabía que la verdadera riqueza estaba en apreciar y aprovechar al máximo cada pequeño momento. Y así, el baile de las mariposas se convirtió en el recordatorio más precioso de su camino hacia el éxito.

Gabriela le dice a Eduardo: "Nuestras historias están repletas de transformaciones necesarias para reconocer las oportunidades y saber aprovecharlas. Ahora medita en cada una de ellas y aplica los conocimientos que has adquirido en tu nuevo viaje, el viaje de la transformación. Ahora es tu momento de volar."

En ese momento se volvieron a escuchar los silbidos de los trenes. En esta ocasión eran dos. El tren de Eduardo tenía un sonido fuerte y firme. Era el presagio de sus nuevas oportunidades. Este es su nuevo futuro. Es el momento de aprovechar cada momento y lograr su éxito.

El tren de Gabriela tenía un sonido diferente. Era suave y tranquilo. Quizás insinuando que ya su destino estaba cerca en una próxima estación.

EL TIEMPO QUE SE VA Y NO VUELVE

CAPÍTULO VI

El tesoro de los detalles

El viaje estuvo repleto de sorpresas. En el camino Gabriela estuvo pensando mucho en su encuentro con Eduardo, el inicio de su viaje de transformación. Estaba aprovechando la oportunidad única para brillar. Sería el camino de las oportunidades para encontrar su éxito.

La vida de Gabriela estuvo repleta de tropiezos. Recordaba cómo su vida se transformó por las decisiones que tuvo que tomar en la travesía de sus etapas. Aun desde niña, nunca fue fácil lograr sus metas. Pero no se rindió y luchó en cada momento por lo que quería alcanzar. En el camino de las diferentes estaciones del tren.

Tenía un corazón puro y su humildad permitía que siempre brillara ante los demás. Sin embargo, ese mismo brillo ocasionaba que muchos la quisieran opacar, provocando situaciones que la hicieran desistir de sus metas. Situaciones donde casi pierde la fe y las ganas de vivir.

Cuando nacemos, somos como orugas que no se cansan de caminar buscando aventuras. Al ir creciendo, comienza la metamorfosis de su transformación. En ese período, el cambio hace que analicemos las experiencias vividas. Es la preparación para convertir nuestra crisálida en la casa de meditación que nos permita florecer en maravillosas mariposas. Las situaciones difíciles sirven como crisálidas que nos purifican y permiten que maduremos. Es cuando reconocemos que las transformaciones son necesarias para continuar el viaje.

Gabriela reflexionó sobre las oportunidades que se le presentaron en situaciones difíciles. Algunas las tuvo que dejar pasar, otras simplemente las vio pasar. Oportunidades únicas que no volverán. Sin embargo, supo buscar rutas alternas para alcanzar el éxito en la carrera que escogió y los sueños que quiso alcanzar.

En el camino, compartió muchas experiencias vividas con personas que necesitaban escuchar palabras de aliento. Palabras que los sacaran de la oscuridad en que vivían y les permitieran reconocer las oportunidades que no veían. Esos encuentros estuvieron repletos de detalles que inspiraban a continuar, incluso para el más negativo de los seres humanos.

A través de las rutas que viajó, logró muchas victorias en pequeñas batallas. Aquellas que perdió no le convenían. Supo luchar por alcanzar sus estrellas. Al llegar a cada una de ellas, buscaba otras más lejanas para seguir su viaje por las etapas de la vida. Ahora es el momento de encontrar las oportunidades en los pequeños detalles, que la llenen de energía para continuar su camino.

Gabriela siguió meditando en su vida mientras seguía la ruta del tren. Ya estaba cerca su última parada. El paisaje lleno de colores la inspiraba a continuar analizando. Era el comienzo del otoño. Los árboles en el camino estaban repletos de matices de anaranjado y verde que permitían disfrutar de los cambios de estación, cambios similares a las etapas de la vida que todos queremos comenzar.

Los riachuelos que adornaban el paisaje eran cristalinos y brillaban con el sol. Su pureza reflejaba el alma del bosque que atravesaba la ruta del tren. Era el reflejo de las oportunidades que tenemos que reconocer y aprovechar en los momentos que se presentan. Si dejamos que la corriente se las lleve, nunca las volveremos a ver. Son los pequeños detalles que a veces dejamos perder.

El silbido del tren anunciaba que estaban cerca de la próxima estación. Su silbido suave y pacífico anunciaba una estación especial. Era la última parada antes de llegar a su destino final. Comenzaba a sentir la emoción de un nuevo cambio que marcaría el nuevo rumbo de su vida.

El tren se detuvo en la estación, que estaba repleta de personas entrando y saliendo de varios trenes. El suyo se detuvo frente a una entrada repleta de colores pasteles que combinaban con los colores de otoño, inspirando a los transeúntes a permanecer relajados y tranquilos en la estación.

Era interesante observar a los pasajeros entrando y saliendo de los trenes. Algunos jóvenes con caras alegres reflejando su emoción al llegar a su destino final, rostros con la esperanza de encontrar un nuevo futuro. Otros de mayor edad con sus caras reflejando ansiedad por lo que le esperaba a su llegada, quizás su última estación del tren.

Gabriela, un poco nerviosa por la ansiedad de esta parada, se acercó a una señora mayor sentada en una esquina de la estación. Tenía en su rostro las huellas de la edad. Sin embargo, su sonrisa dibujaba en su tierna mirada los pensamientos que la mantenían en silencio esperando en el lugar.

Gabriela se le acercó y le preguntó si podía sentarse junto a ella. Estuvieron largo rato hablando. Sin sospechar que de su conversación aprendería las herramientas que necesitaba para llegar a su última parada.

Gabriela la interrumpió un momento: "Me llamo Gabriela. Esta es mi última parada antes de llegar a mi destino final. Llevamos largo rato hablando y no sé su nombre." La señora le contesta: "Me llamo María. Estoy esperando que lleguen mis hijos y nietos a buscarme. Hace mucho tiempo que no los veo. Estoy muy emocionada por este encuentro. Ya a mi edad las oportunidades son pocas de estar con ellos. Sin embargo, no tengo idea de cuánto tiempo me quede para poder disfrutarlos.

La estación está repleta de los colores de otoño. Yo estoy llegando al invierno de mi vida. Ha sido una vida llena de experiencias que me enseñaron a luchar por lo que soñaba. Pero, en muchas ocasiones, los sacrificios fueron mayores que las satisfacciones. Llevo mucho tiempo sin ver a mi familia. Ellos se mudaron a este hermoso lugar en busca de nuevas oportunidades. Yo no quise acompañarlos.

Mi vida estaba completa en otro lugar. Con el pasar del tiempo me quedé sola. Mis amigas fueron muriendo poco a poco y completando su viaje por la vida. Ahora quiero aprovechar el tiempo perdido y estar con ellos en el invierno de mi vida. Tal vez, mi última estación del tren."

Gabriela, con mucha ternura, le dice: "El tiempo nos da lecciones que tenemos que aprovechar. Hay momentos en que las situaciones de la vida hacen que tomemos decisiones difíciles en momentos de retos. Pero al final podemos encontrar otras oportunidades que nos permitan llegar a lo que realmente nos hace felices. Son los pequeños detalles en esos momentos de la vida que nos dan la fuerza para seguir adelante.

Cuando somos jóvenes, tenemos muchas posibilidades de seguir adelante. Escogemos lo que pensamos son las mejores oportunidades. Algunas nos llevan al éxito temprano. Otras son la ruta más larga que nos lleva al mismo destino. Al llegar a la cúspide de nuestras vidas, disfrutamos de lo que hemos luchamos. A veces con muchos sacrificios que al final nos darán la recompensa.

El invierno de la vida no es el final. Es el comienzo de trazar nuevas metas con nuestros seres queridos. Es el momento de convertirnos en maestros de los que comienzan a vivir las estaciones de las rutas del tren."

María, muy contenta, le dice: "Son palabras muy sabias. Ese es mi propósito en este viaje. Las lecciones aprendidas son ejemplos para los más pequeños. Inclusive para los jóvenes que están creciendo. La sabiduría que se obtiene con los años no se aprende en la escuela. Se aprende con la experiencia. Estoy segura de que ésta es mi última estación. Pero quiero que mis experiencias les sirvan de motivación a mis hijos y nietos en esta etapa de sus vidas.

Como tú bien dijiste, ahora son los pequeños detalles los que nos dan la felicidad. Esos pequeños detalles donde encontramos oportunidades para ser felices. Me gustaría compartir contigo una historia de vida donde los pequeños detalles hicieron la diferencia. Fueron la pieza clave para encontrar la felicidad y ayudar a los demás."

La Joya Escondida en Cada Día

En un tranquilo pueblo rodeado de exuberantes bosques y ríos cristalinos, vivía una joven llamada Mayra. Mayra tenía una mirada curiosa y siempre buscaba la belleza en las cosas simples de la vida. Un día, mientras paseaba por el bosque, se encontró con un anciano sabio llamado Maestro Giovani. A él le gustaba pasear por el bosque observando las maravillas de la naturaleza.

El Maestro Giovani era conocido por su profunda sabiduría y su habilidad para encontrar tesoros ocultos en los lugares más inesperados. Mayra había sido estudiante de su hija y sabía que la joven era muy inteligente. Le gustaba observar los detalles de la naturaleza, pensando que eran tesoros que había que cuidar.

Al Maestro le sorprendió la forma en que la joven miraba detenidamente las maravillas que ofrecía la exuberante naturaleza. Algo que a él le apasionaba. Le sonrió con mucha ternura y le dijo: "Mayra, sé de tu gran interés por cuidar los tesoros que ofrece la naturaleza. ¿Te gustaría aprender el secreto de encontrar la joya escondida en cada día?"

Los ojos de Mayra brillaron con emoción y en seguida asintió con entusiasmo. Ella era muy especial. Siempre buscaba nuevas experiencias en los pequeños detalles. El Maestro le explicó que cada día está lleno de oportunidades y enseñanzas valiosas. Pero es necesario aprender a observar con atención y apreciar lo que la vida tiene para ofrecer.

Así, comenzó el aprendizaje de Mayra con el Maestro Giovani. Todos los días, él le enseñaba a observar detenidamente su entorno, a escuchar los susurros del viento y a sentir la vibración de la naturaleza. Juntos exploraban los bosques, los campos y los ríos, descubriendo tesoros que muchos pasaban por alto: el tesoro de los pequeños detalles.

Un día, mientras caminaban por un sendero cubierto de flores silvestres de exuberantes colores, el Maestro detuvo a Mayra y señaló hacia el suelo. Allí, entre las hojas y las piedras, brillaba una pequeña piedra preciosa. Era una joya simple pero extraordinaria. En ese momento Mayra comprendió el significado de la lección.

El tesoro de los detalles

"La verdadera riqueza está en las cosas simples y en los pequeños momentos de la vida", dijo el Maestro. "Cada día nos ofrece oportunidades para encontrar tesoros ocultos, solo necesitamos abrir nuestros corazones y mentes para verlos."

A medida que los días pasaban, Mayra aprendió a encontrar joyas en los gestos amables de los demás, en las puestas de sol pintadas en el horizonte y en las risas compartidas con amigos. Comprendió que la vida está llena de oportunidades para crecer, aprender y amar.

Un día, el Maestro le regaló a Mayra una pequeña joya, similar a la que habían encontrado en el bosque. "Esta es tu recordatorio de que cada día tiene una joya escondida esperando a ser descubierta", le dijo.

Mayra sintió mucho su partida al descanso eterno. Ella llevó siempre la joya consigo como un tesoro muy preciado. Cada vez que la miraba, recordaba las enseñanzas del Maestro Giovani. Aprendió a valorar cada día como una oportunidad única y especial para encontrar la joya escondida en cada experiencia.

Y así, Mayra se convirtió en una buscadora de tesoros en la vida, compartiendo su sabiduría con aquellos que estaban dispuestos a aprender. Su corazón siempre estaba lleno de gratitud por las oportunidades que cada día le ofrecía. Sabía que la verdadera riqueza estaba en apreciar y aprovechar al máximo cada momento. El valor de los pequeños detalles.

María continuó hablándole a Gabriela: "La vida está repleta de oportunidades. Algunas las aprovechamos otras las dejamos pasar. Las más importantes se encuentran en los pequeños detalles. Son los tesoros que aprendemos a valorar en el otoño de nuestras vidas. Y los que atesoramos cuando comienza el invierno. Son los que le heredamos a nuestros hijos a través de las experiencias vividas. En el camino a esta estación terminó una etapa de mi vida. Aquí comienza una nueva.

Tenemos que estar abiertos a recibir las nuevas oportunidades. Muchas estarán escondidas como joyas en los pequeños detalles. La sonrisa de los niños, el cantar de un ruiseñor, el arcoíris en un amanecer o una buena taza de café son ejemplos de esas joyas que nos hacen pensar."

Gabriela se acordó en ese momento de una historia de un joven muy especial: "Sabe María, conozco una historia de un joven de mi pueblo que también tuvo una mentora de edad avanzada. El en el ocaso de su vida le enseñó que el éxito se encuentra en los pequeños momentos.

Las Huellas del Éxito en los Pequeños Momentos

Ponce es un pueblo muy tranquilo, conocido como la Perla del Sur. Está bordeado por un sereno y cálido mar que acaricia las costas por el sur de sus praderas. Al norte se encuentran las más hermosas montañas repletas de bosques y hermosas flores que adornan la naturaleza. Los ríos de aguas cristalinas decoran los cimientos de las montañas y nutren las raíces de los árboles centenarios que cubren las áreas que llegan a la pradera. Son los hermosos campos de mi pueblo natal.

En esas áreas rurales vivía un joven llamado Marco. Tenía grandes sueños y aspiraciones, pero a menudo se sentía abrumado por la magnitud de lo que quería lograr en la vida.

Un día, mientras paseaba por el campo, Marco encontró un antiguo sendero que lo llevó a un claro lleno de flores silvestres. Allí, bajo una ceiba centenaria, se encontraba una señora de edad avanzada con una gran sabiduría y experiencia sobre los secretos de la vida. Su nombre era Ivelisse, pero todos la conocía como Ive. Era muy querida por todos los ciudadanos del pueblo.

Ive notó la inquietud en los ojos de Marco y le preguntó: "¿Qué te preocupa Marco?"

Marco suspiró y respondió: "Quiero lograr grandes cosas en la vida, pero a veces siento que el éxito es algo que no está a mi alcance."

Ive sonrió con ternura y le dijo: "El éxito no siempre reside en las metas grandiosas Marco. La mayoría de las veces se encuentra en los pequeños momentos que la vida nos ofrece. Aprender a reconocer y aprovechar esas oportunidades es la clave para encontrar las huellas del éxito."

A partir de ese instante, Marco decidió prestar más atención a los pequeños momentos de su vida. Empezó a notar la belleza en las pequeñas cosas: el canto de los pájaros al amanecer, una sonrisa amable de un desconocido, el aroma de las flores en primavera, los hermosos y coloridos peces en el río cristalino de sus campos.

Pronto, Marco se dio cuenta de que los pequeños momentos eran como piedras en el camino que lo guiaban hacia el éxito. Tenían un mensaje inspirador en cada segundo de su existencia. Cada uno de ellos lo llevaba un poco más cerca de sus sueños.

Un día, mientras caminaba por el bosque, Marco encontró una pequeña piedra lisa y redondeada. La recogió y la guardó en su bolsillo, pensando en ella como un símbolo de los pequeños momentos que lo habían llevado hasta allí.

El tesoro de los detalles

Poco a poco, Marco comenzó a ver cambios en su vida. Sus esfuerzos se enfocaron en apreciar y aprovechar cada pequeño momento. Con el tiempo esos momentos se convirtieron en logros notables.

Un día, al regresar al claro bajo la ceiba centenaria, Marco se encontró con Ivelisse nuevamente. Le mostró la piedra que había encontrado y le agradeció por la valiosa lección que le había enseñado.

Ivelisse le sonrió con satisfacción y dijo: "Recuerda siempre Marco, las huellas del éxito se encuentran en los pequeños momentos que la vida nos brinda. Aprovecha cada oportunidad y nunca subestimes el poder de los pequeños logros."

Y así, Marco siguió su camino con un corazón lleno de gratitud y una nueva comprensión del éxito. Aprendió que cada pequeño momento era una oportunidad para crecer, aprender y acercarse a sus sueños. Y cada vez que sostenía la pequeña piedra en su mano, recordaba las valiosas lecciones que Ivelisse le había enseñado sobre las huellas del éxito en los pequeños momentos de la vida.

En esos momentos llegó la familia de María. Estaban muy contentos de recibirla. Se notaba en los rostros de sus hijos cuánto la extrañaban al no tenerla con ellos. Sus nietos corrieron a abrazarla. Eran dos parejas de hermosos niños que emanaban dulzura y cariño hacia su abuela. Estaban ansiosos de estar con ella.

María le presentó a su familia: "Estos son mis dos hijos, sus esposas y mis nietos. Son mi alegría y razón de vivir. Les presento a Gabriela. Ha sido mi compañera mientras ustedes llegaban a buscarme. Está esperando la llegada de su tren."

Se despidieron con mucha alegría. Su familia también se despidió de una manera muy especial y con un cariño caluroso, agradeciéndole que la acompañara en lo que ellos vinieron a buscarla. Compartieron su información con la esperanza de mantener una hermosa amistad que nació en la estación del tren.

Gabriela se quedó meditando en las sabias palabras de María. En ese momento entendió el significado de sus palabras. En el otoño de nuestras vidas, utilizamos la energía para encontrar nuevas metas. Son metas que quedaron inconclusas en la travesía y que nos ofrecen la alegría que necesitamos para continuar. Es el momento de encontrar las oportunidades en los pequeños detalles.

También estaba pensando en su última estación. No tenía a nadie que la esperara y debía seguir su camino sola: "¿Tendré nuevas oportunidades o será esa estación el final de mi vida? ¿Podré compartir las experiencias vividas y ayudar a otros a alcanzar sus sueños? ¿Tendré la sabiduría necesaria para transmitir mis conocimientos? ¿Tendré la capacidad para lograr nuevas metas? ¿Debería encontrar un nuevo destino?"

Absorta en sus pensamientos, escuchó a lo lejos el sonido del tren. Su silbido era fuerte y profundo. Las ruedas en el riel tenían un sonido armonioso. Parecía una pieza de música clásica en un gran auditorio repleto de sus seguidores, representando a la naturaleza. Su tren estaba llegando. Era el comienzo del final de su viaje.

EL TIEMPO QUE SE VA Y NO VUELVE

CAPÍTULO VII

Cada Instante Cuenta

Gabriela estaba a punto de abordar al vagón de su último tren. Le aguardaba el final de un largo viaje. Fueron muchas las veladas que pasó esperando poder llegar a este momento. Sus viajes fueron cada una de las etapas de su vida.

En el trayecto de cada uno de ellos, hubo momentos alegres que coloreaban los hermosos recuerdos de su niñez. Momentos en los que aprendió a volar y a conocer sus estrellas. También enfrentó situaciones difíciles que tuvo que afrontar, tomando decisiones, a menudo a regañadientes. Dejando pasar oportunidades únicas que nunca regresarán. Optando por rutas alternativas para perseguir sus metas.

Ahora, en estos momentos de reflexión, tiene la incertidumbre de qué va a encontrar. Es un nuevo comienzo. ¿Serán situaciones novedosas con nuevos retos y metas? O quizás es un espacio para mirar atrás. ¿Podrá recuperar los sueños perdidos? O simplemente los dejará pasar.

Su cabeza estaba repleta de pensamientos que iban y venían como una tormenta en el desierto que no dejaba ver el camino atrás. Se sentía que se acercaba el otoño de su vida. O quizás un invierno prematuro. Sentía que había dejado muchas huellas en el camino. Sin embargo, no sabía si el tiempo le permitiría continuar ayudando a otros para sembrar nuevas.

Nunca había estado en el lugar al que se dirigía. Sabía que era un lugar especial, lleno de oportunidades para aquellos que desean perseguir sus sueños. Era el momento de seguir adelante.

Sin embargo, sentía que su futuro era incierto. No sabía cómo comenzar. Las historias compartidas le habían dado esperanza. Sobre todo, las de María. Era el momento de encontrar grandes cosas en los pequeños detalles. Así podría experimentar que todavía podía ser útil para los demás. En medio de sus pensamientos se oyó el silbido del tren. Iba a comenzar el trayecto de su último viaje.

Gabriela estaba extasiada, mirando a través del cristal del vagón. El paisaje era impresionante. Parecía que el otoño no había tocado los bosques de ese recorrido. El verdor de los árboles y las flores brillaban con intensidad. Se veían pájaros revoloteando alrededor de las ramas. Eran hermosas poblaciones de diferentes especies que anidaban y mantenían su bandada protegida en ese lugar.

La naturaleza siempre nos brinda un mensaje de esperanza. Son indicadores de evolución y entereza para todos los seres humanos. La migración en las aves nos enseña la búsqueda de oportunidades. Los pájaros con sus nidos en el bosque, el amor por los hijos y las lecciones de vida para los polluelos. Los ríos cristalinos, la pureza del alma. Los animales en la tierra, la lucha por superarse de los seres humanos.

El trayecto le recordaba el inicio de su viaje anterior. Pasó mucho tiempo en la cúspide de su carrera. Logró alcanzar muchas metas y realizar varios sueños. Sin embargo, luego de pasar la primavera y el verano de su vida, ahora le toca seguir adelante. La incertidumbre de un cambio le causaba ansiedad. Tal vez la inseguridad de no saber cómo continuar sin mirar atrás.

Gabriela pensaba en las lecciones aprendidas en cada etapa. Algunas inspiradoras, otras fuertes y de autorreflexión. Ahora era un nuevo comienzo. Lo que había aprendido no podía quedar atrás. Tenía que utilizarlo para convertirse en el sabio que pudiera aconsejar a aquellos que querían aprender, como en las historias que compartió en su viaje. Los que querían aprender a reconocer las oportunidades y aprovechar los pequeños detalles.

En medio de sus pensamientos, comenzó a escucharse el silbido del tren. Estaba anunciando la cercanía del destino final. Esta vez sonaba fuerte y firme. El sonido de los rieles era potente como los tambores de una banda escolar. Estaba anunciando el comienzo de un nuevo camino con firmeza y voluntad. Esa era su esperanza.

La estación estaba llena de personas de edad dorada que estaban llegando en otros trenes. Había jóvenes con sus hijos esperando con mucha alegría la llegada de sus familiares. Las áreas de espera estaban decoradas con colores muy brillantes que inspiraban esperanza y paz.

Los cuadros que adornaban la estación eran retratos de la ciudad y los parques nacionales de bosques protegidos que eran parte importante de la región. Eran impresionantes. La naturaleza siempre atrajo la atención y preocupación de Gabriela. Dedicó mucho tiempo de su vida a protegerla y a enseñar a otros a desarrollar el amor por ella. Tal vez ese era su nuevo destino.

Siguió caminando hacia la salida de la estación cuando en una de las áreas de espera escuchó que la llamaron. "¡Gabriela!" Al mirar, fue muy grata la sorpresa de ver a Alberto. El señor mayor que conoció en la segunda estación de su viaje. Siempre le pareció muy familiar, pero no podía recordar de dónde lo conocía. La profundidad de sus palabras la impactaron en su encuentro anterior. Sobre todo, la inspiradora espiritualidad que irradiaba su personalidad.

Mirándola con ternura, le dijo: "Te estaba esperando." Gabriela, sorprendida, no esperaba ese comentario. "Tu viaje por estas estaciones ha sido tu mayor aprendizaje. Tus encuentros no han sido por casualidad. Cada uno de ellos tenía un propósito especial. Tenías que compartir la historia de tu vida para enseñarles a cada una de las personas con quien hablaste a reconocer y aprovechar las oportunidades en la vida sin importar las situaciones difíciles que tengan que enfrentar. También tenías que aprender de las que compartieron contigo.

En las historias que narraste, eres el ángel que quiso nacer para darle alegría y esperanza a tus padres. Daniela en el certamen literario, quien acompañó a Nemo a su morada final, la mamá de Jorge, la maestra inspiradora y transformadora de acosadores, la hermana de Juan. También eres Valeria, Helena, Andrea, Sofía, Gretchen y Camila en sus respectivas historias."

Gabriela no podía hablar del asombro que sentía al escuchar las palabras de Alberto.

Alberto continuó hablándole con mucha ternura: "Te preguntarás cómo sé las historias si no estuve contigo en el viaje. ¿Recuerdas que en nuestro encuentro me dijiste que tenía una cara familiar y no podías acordarte de dónde? Soy Emanuel, el que te buscaba en los sueños de infancia para hablar y aconsejarte en el camino. Siempre he estado junto a ti. Aun cuando pensaste que estabas sola, yo siempre estuve a tu lado.

Tu camino ha sido difícil. Has tenido que luchar contra viento y marea para lograr lo que anhelas. Nada se te ha dado fácil. Sin embargo, estoy muy orgulloso de ti. Nunca te rendiste. Siempre seguiste adelante. Nunca perdiste tu corazón puro y la humildad. Lo compartiste con tus estudiantes y todos los que te quisieron de verdad. Tu brillo opacaba a muchos que te envidiaban y te hicieron mucho daño. Ahora es tu momento de brillar.

Sé que piensas que este es el final de tu vida. Tu última estación del tren. Sin embargo, no vine a buscarte. Vine a compartir contigo mi orgullo en tu trayecto. Te faltan varios viajes antes de llegar a tu última estación. Te faltan muchas historias por construir y compartir. Todavía no has completado tu misión. Tienes que seguir cuidando mi creación. Este es tu sueño de alcanzar las estrellas más lejanas. Tienes que volver a escribir. Como te lo pedí cuando tenías once años. Porque el tiempo que se va no vuelve."

Gabriela, muy emocionada por sus palabras, comenzó a llorar. No sabía si él seguiría con ella en el camino al salir de la estación. O tal vez hasta su destino final en ese lugar. Con mucha ansiedad, le preguntó si ahora se quedaría con ella.

Alberto, con una paz e inmensa espiritualidad, le contestó: "Siempre he estado a tu lado, aunque no me veas. De nuevo te volveré a encontrar en la última estación del tren." Alberto de despidió y me dejó con más preguntas que respuestas. Porque el tiempo que se va y no vuelve me hizo reflexionar.

El tiempo que se va y no vuelve

¿Qué es el tiempo? ¿Una ilusión, un espacio sobre el cual no tenemos control, o una oportunidad para desarrollar el camino y avanzar a otro nivel? Cuántas veces nos preguntamos qué debemos hacer y cómo aprovechar el tiempo. Más, sin embargo, a menudo lo dejamos pasar. El tiempo transcurre y no reaccionamos cuán rápido se va. Al final del día, cansados del largo caminar, decidimos descansar para recuperar las fuerzas durante un tiempo que no podemos controlar.

El misterio de la vida nos lleva por etapas que muchas veces no podemos comprender. Comenzamos como ángeles que llegan a la tierra con un propósito. A medida que pasa el tiempo, nos convertimos en los dueños del destino, eligiendo las rutas que creemos son las opciones mejores. En este camino, aprovechamos o dejamos pasar las mejores oportunidades para triunfar en nuestra trayectoria hacia el éxito en la vida. Pues aún, en lo que llamamos fracaso, se encuentran las mejores oportunidades de aprender cómo podemos alcanzarlo.

Con el correr de los años, el tiempo es asemeja a un tren que inicia su viaje en la gestación y cuya última parada es la muerte. Cada estación representa un capítulo en tu vida. Y en ese recorrido, debes aprovechar el tiempo para llegar a la culminación de esa etapa de aventuras que has elegido en tu viaje. Hay que cerrar un capítulo para subir de nuevo al tren y comenzar el trayecto hacia la próxima estación.

En el recorrido te encuentras con personas que impactan en tu vida, dejando huellas que cambian tu futuro. Algunas son positivas y otras negativas, pero al final representan aprendizajes de las oportunidades que aprovechaste o dejaste pasar. A veces, te toca a ti ser el instrumento de cambio para las personas que te encuentras en el camino. Son los momentos donde tu ejemplo y experiencia sirven de modelo a otros para definir y alcanzar sus metas, aprovechando las oportunidades y no dejándolas escapar.

En ocasiones, perdemos la salida y cambiamos el rumbo. Pensamos en lo que pudo haber sido y no fue. En esos capítulos, quedan entradas inconclusas de las que luego nos arrepentimos por no alcanzar el tren. Son esos capítulos oscuros en la trayectoria, donde pensamos que el tiempo pasó y ya no hay vuelta atrás. Capítulos tan oscuros que quisiéramos borrarlos de nuestra trayectoria. ¿Cuántos capítulos nos han quedado inconclusos? ¿Cuántas paradas hemos perdido del tren? ¿Fueron rutas que no nos convenían? O simplemente, las dejamos pasar.

A veces pienso que la vida es como una ruleta rusa. Te esfuerzas por alcanzar tus metas y cuando lo logras, te das cuenta de que debes seguir para lograr más, porque eso no fue suficiente. O quizás simplemente no era lo que esperabas, te maltrataron en el camino, no valoraron tu esfuerzo, pensaste en el fracaso y recibes el disparo de pensar que has perdido el tiempo. Son los momentos de gran frustración que, con el paso del tiempo, reconocemos fue un período de gran aprendizaje.

El tiempo pasa y no se detiene. Con el pasar de los años, analizamos cómo hemos aprovechado el tiempo. Cuando somos niños, queremos ser adultos, cuando lo somos, anhelamos volver a la niñez. Al llegar a la edad dorada, y evaluar la trayectoria de nuestra vida, nos damos cuenta de que el tiempo que pasó, ya no vuelve. Es entonces cuando comenzamos a evaluar qué hemos hecho con nuestro tiempo y cómo vamos a organizar cada momento de lo que aún nos queda por hacer en las metas que nos propusimos cuando éramos niños.

Hoy, si analizamos las estaciones pasadas, hemos perdido mucho en el camino. Amigos, carreras y metas quedaron inconclusas.

Ahora, queriendo recuperar el tiempo perdido, el peso de los años no nos permite lograr alcanzar las metas que se quedaron atrás. Quizás el destino existe y esas metas no eran alcanzables. Quizás eran sueños que no nos pertenecían y que debemos dejar pasar. O quizás, no supimos aprovechar en su momento las oportunidades para lograrlos.

Al llegar a cada estación, el análisis del capítulo terminado nos hace reflexionar profundamente sobre la vida. Nacemos, vivimos y morimos. Pero al final del camino, quisiéramos que el mundo no nos olvide y haber dejado una huella que dure por la eternidad. No sabemos cuántas estaciones nos quedan en este recorrido, pero sí sabemos que aún nos falta mucho por caminar.

En este último tramo, quiero dejar mi huella a la humanidad. Huellas de esperanza y fe, que demuestren que todo es posible si luchamos y elegimos las rutas del tren adecuadas. Huellas que cada uno de nosotros dejamos a nuestros semejantes día a día. Porque, el tiempo que se va, no vuelve.

EL TIEMPO QUE SE VA Y NO VUELVE

Made in United States
Orlando, FL
12 September 2025